中华先贤人物故事汇

徐光启

石继航 著

中华书局

图书在版编目（CIP）数据

徐光启/石继航著. —北京：中华书局，2021.7
（中华先贤人物故事汇）
ISBN 978-7-101-15067-4

Ⅰ. 徐… Ⅱ. 石… Ⅲ. 徐光启（1562~1633）-生平事迹
Ⅳ. K826.1

中国版本图书馆 CIP 数据核字（2021）第 026256 号

书　　名	徐光启	
著　　者	石继航	
丛 书 名	中华先贤人物故事汇	
责任编辑	马　燕　董邦冠	
出版发行	中华书局	

（北京市丰台区太平桥西里 38 号　100073）
http://www.zhbc.com.cn
E-mail：zhbc@zhbc.com.cn

印　　刷	北京瑞古冠中印刷厂
版　　次	2021 年 7 月北京第 1 版
	2021 年 7 月北京第 1 次印刷
规　　格	开本/787×1092 毫米　1/32
	印张 5　插页 2　字数 50 千字
印　　数	1-10000 册
国际书号	ISBN 978-7-101-15067-4
定　　价	20.00 元

出版说明

　　孔子周游列国，创立儒家学说；张骞出使西域，开辟丝绸之路；书圣王羲之，留下了曲水流觞的佳话；诗仙李白，写下了"举头望明月，低头思故乡"的名篇；王安石为纠正时弊，推行变法；李时珍广集博采，躬亲实践，编撰医药学名著《本草纲目》……

　　这些杰出的历史人物，有的是在中华民族文明进程中做出过突出贡献、对后世产生过巨大影响的思想家、政治家，有的是对中华优秀传统文化的传承传播发挥过重大作用的文学家、艺术家、科学家，有的是为国家安定统一、民族融合团结和中外文化交流做出过杰出贡献的军事家、外交家……他们为中华民族的繁荣发展做出了伟大的贡献，他们的行为事迹、风范品格为当世楷模，并垂范后世。

他们是中华民族的先贤人物。他们的思想、品德、事迹，是中华优秀传统文化的结晶。他们的故事，是对中华民族的禀赋、特点和气质最生动、最鲜活的阐释。他们的名字，在五千年中华文明史上最为光彩夺目。他们为五千年中华文明史书写了最为光辉灿烂的篇章。

为了解先贤，走近先贤，我们精心组织编写了这套《中华先贤人物故事汇》丛书。以详实可靠的史料为依据，以细腻动人的故事为载体，真实地呈现中华先贤人物的事迹、品格和精神风貌，彰显他们的贡献和功绩，以激发人们对国家民族的热爱，对中华文明、中华优秀传统文化的崇敬。

开卷有益，期待这套丛书成为你的良师益友。

目 录

导 读

徐光启（1562－1633），字子先，号玄扈，上海县法华汇（今上海市）人，官至崇祯朝礼部尚书兼文渊阁大学士、内阁次辅，明代著名科学家、政治家，堪称中西方文化交流第一人。

徐光启虽然深受传统教育影响，自幼读的是四书五经、八股时文，但他很小就对一些实用性的学问感兴趣，比如农桑水利之类。他思想开放，不崇古，不守旧，不唯书，不盲信，对于万事万物都要寻一个道理出来，这也造就了他后来在中国科学史上的辉煌成就。

徐光启的一生，是坎坷而又辉煌的。他早年科举失利，年过不惑才中了进士，官场中也是起起落落,曾经受到阉党的攻讦诋毁,以致很多理想和抱负都没能实现。然而,他还是坚持为百姓谋福利,推广甘薯、水稻,翻译《几何原本》《测量法义》等西方科学著作。晚年又呕心沥血,整理《农政全书》和《崇祯历书》,不过,前者并没有在其生前得到刊印,后者也没有在他有生之年得以推行。他写的有关甘薯的很多文字,也在明末失传,直到近代才重新发现,这辜负了他想借此书推广甘薯种植以救饥疗荒的夙愿。他精研兵法,写了《兵机要诀》《徐氏庖言》等兵法著作,并研习西洋火器,希望建立一支装备有火器的近代化军队来抵御强敌,保家卫国,然而却因为朝廷腐朽、党争剧烈,以至于他的爱徒孙元化身陷叛军之手,那些战斗力极强的火炮之类,也都成了满清八旗军的战利品。徐光启最后官至文渊阁大学士,可谓生荣死哀,但他的种种愿望,却始终没有实现。

徐光启堪称中西方文化会通的第一人,他以开放的胸怀来对待外来文化,以兼容并蓄、求实求真的精神来对待科学和技术,他杜绝了迂腐和狭隘,给当时的中国社会发展指出了一条可行之路,快捷之路。虽然很可惜，因为种种现实原因没有实现，但这丝毫不影响徐光启作为光前启后、名标青史的一代人杰，永远辉映在史册之中！

矫健少年

明朝嘉靖年间，上海龙华寺附近远不像今天这样是繁华的市区，而是一处荒僻的所在。这里草木杂生，寺院也十分荒圮（pǐ），佛像金漆剥落，天王面损臂折，蛛网缠身。虽有几个老和尚，因为施主太少，自己又无力种田，因此面黄肌瘦，穷困潦倒。在此情形下，方丈只好将一些屋宇还算完好的僧舍，借给邻近的教书先生作为学堂，换些钱米。

眼看红日西沉，昏鸦噪树，附近村子里升起袅袅炊烟，散学的孩子们闻到饭香，纷纷跑回家了。徐光启的母亲钱氏早早就做好了饭，盼着儿子回来，但左等右等，却一直没见他进门。于是忍不住

钱氏快步来到塔下，高声叫道："儿啊，你爬那么高做什么，可吓坏为娘了！"

出门，问一个和徐光启一起上学堂的小孩："你见我们家光启了吗？你们是一起下学的吗？"

那小孩儿说道："今天下午，先生教书时训了徐光启几句，他一直沉默不语，后来我们放学后和其他同伴一起捉迷藏，他也没有和我们一起玩。对了，他可能又爬到龙华塔的塔顶上去了。那座塔高得很，檐柱什么的又坏了大半，我们都不敢爬，但是他胆子大……"

钱氏听了，十分焦急，没等听他说完，就一路奔向龙华塔。

这座龙华塔，相传是三国东吴之主孙权为孝敬母亲而建，又名报恩塔，赐额"龙华"。不过在唐朝末年，就已经毁于兵火。北宋太平兴国二年（977）再度重建，此塔共有七层八面，飞檐高翘，姿态雄奇，塔势陡峭，但年久失修，塔上的砖木时有脱落，很少有人敢于登顶。

钱氏不顾缠足的小脚不方便，快步来到塔下，果见有一个少年正盘坐在龙华塔的最高处，那不是自己的儿子又是谁？她当下高声叫道："儿啊，你爬那么高做什么，可吓坏为娘了！"

徐光启见是母亲，慌忙起身，从塔中循梯而下。母亲斥责道："你爬到这样危险的塔上去做什么？万一有个三长两短，可叫为娘怎么活？"说着竟然抹起眼泪来。

徐光启说道："娘，莫要担心，孩儿登上此塔，并非莽撞，而是经过仔细观察的。我知道哪些地方不能踩，哪些地方不能攀，所以这塔看起来虽然险，但其实不必那样害怕。就如田间的小畦，我们走在上面，根本不会害怕，但如果这是架在空中的一根木梁，同样的宽度，人们就会胆战心惊，越是害怕，就越容易出事情。"

钱氏拽着儿子的手，一边拉他回家，一边说："不管怎么说，我再不允许你登这座塔了！"

徐光启心想，这塔顶风景绝佳，可以望见云天浩渺，黄浦江上船帆点点，临风凭栏，心中烦恼往往就一扫而空。以后若不能再登此塔，岂不是个遗憾。

于是说道："娘，我登此塔，也是积功德来着。这塔的最高层，有一窝小鹳鸟，生得十分可爱。原来有一只大白鹳，经常过来喂食，但如今这许多天来，大白鹳一直没来，可能是给人捉了，或者让其他的猛兽吃了。小鹳鸟嗷嗷待哺，很是可怜，所以我就经常带些吃的东西上来喂这窝小鸟。母亲您想，上天有好生之德，佛祖有割肉救鸽之举，我们怎么能忍心让这些小生命饿死在佛塔之上？"

钱氏对礼佛行善一向很支持，听儿子这样说，当下不再固执己见，只是嘱咐他务必小心。

回到家中的饭桌前，父亲徐思诚阴沉着脸说道："你今日因何在学堂被先生训斥？"

徐光启低下头，委屈地说："孩儿就是听先生说了'樊迟请学稼'这一段，对孔子说樊迟问稼是小人所为不太认同。我想天下的黎民百姓，还是务农者居多，况且天下财货，本来就出自稼穑，民以食为天，国以民为本，为什么要轻视农桑园圃呢？"

徐思诚听后说道："先生是让你们专心读书，孔子在《论语》中不是也说了吗？这些都不是你们读书人应该做的事，你们只要学书学礼，种庄稼之类的事，自然有农民百姓来做。"

徐光启依旧不服气地说："孩儿前几日刚从

《汉书》上读了一个丙吉问牛的故事，说是西汉时的丞相丙吉在路上见到有人斗殴杀人，却不管不问，但是见到道旁有一头牛在喘粗气，就下车仔细查问。有人觉得他竟然关心牲畜超过了关心人，但丙吉说，黄牛喘得厉害，说明暑热过度，天气不正常，这会影响农田的收成。丙吉贵为丞相，不也一样关心农事和庄稼吗？"

徐思诚被小光启驳得哑口无言。不过，他从内心也觉得小光启说得颇有道理。他说："光启啊，咱们徐家以后的希望可都在你身上了，不要像为父一样，文不成、武不就，做买卖也不在行。"

这时，忽听一声咳嗽，一位白发苍苍的老妇从里屋走了出来，徐光启赶快起身叫道："奶奶！"原来这正是徐光启的祖母尹氏，只见她手里拿了一只热乎乎的煮鸡蛋，塞到小光启的手里，说道："孙儿，你正是长身体的时候，多吃点！"

徐思诚说道："娘，这鸡蛋是给您留的，为什么又让给小光启吃，你可不能这样惯坏了他！"

尹氏把眼睛一瞪，冲着徐思诚说："惯坏的是你！当年你是徐家的独苗，我一直对你溺爱，到现在文不文、武不武，买卖也做不了，你就是'姜太公的坐骑——四不像'。得了，你去后园看看菜圃去吧，我有几句话和光启说。"

徐思诚神色尴尬，他整了整袍袖，出门去了。

光启的母亲钱氏把盘碟撤下，又端来碗热汤，将桌案上的油灯点亮，也抬步出门，祖母尹氏唤住她说："光启娘哪里去？"

钱氏说道："我去后厨收拾一下，把猪喂了，然后去纺纱。"

尹氏取出一个沉甸甸的银手镯说道："光启娘，明天把这个拿到当铺里当了，多买点好吃的，给光启补补身子，我看他这些天又有些瘦了。"

钱氏推让道："婆婆，这如何使得，您也要留一些自己用啊。"

尹氏说道："我现在是半截入土的老太婆了，要这些首饰做什么？留着买棺材？我早想好了，就用咱们地里那些柳木给我做一副薄皮棺材就行，人死如灯灭，啥也不知道了。小光启是咱们徐家的指望，那可不一样。"

钱氏见婆婆如此说，只好将银镯收下，出门

去了。

尹氏望着摇曳的油灯光焰，缓缓说道："光启啊，你今年眼看就要满十一岁了。我觉得有必要把咱们徐家的经历给你讲一讲了。"

徐光启托着双腮，认真地说："奶奶，我早就想听了，快讲吧。"

尹氏说道："你的爷爷姓徐讳绪，这你早已知道，他的父亲叫徐珣，他爷爷的名字我记不清了，但我的公公婆婆提起来，都称他为竹轩先生，说他是个秀才，也就是从那时候才从苏州一带来到上海这个地方的。但是从你爷爷的父亲这一辈，徐家就很穷了，后来把田地都卖光了。"

徐光启听了后，叹了口气说："那奶奶你嫁到徐家时，可受了苦吧？"

尹氏笑了笑，脸上浮现出一丝红晕，仿佛又回到了当年新婚的时候，她接着说道："当时你祖父还是有本事的，他做买卖，赚了一些钱，日子一天天好起来，我当时倒是风风光光地嫁到徐家的。"

徐光启追问道："那后来呢？"

尹氏说道："可惜的是，你爷爷才三十多岁就病逝了，留下我和你大姑你爹相依为命。当时你父亲才六岁，我又是妇道人家，不宜抛头露面。"

徐光启着急问道："那奶奶您怎么办呢？"

尹氏说道："没办法，我只好请我的兄弟来帮忙，又给你大姑招了个女婿，就是你大姑夫，让他们一起帮着经营，后来买卖兴旺，甚至比你爷爷在世时还强了几倍！奶奶现在剩下的那些首饰，都是那时候置办的。"

徐光启又问："那为什么后来咱们又变穷了呢？"

尹氏叹了一口气，说道："咱们这一带经常来倭寇，这些天杀的东洋鬼子们烧杀抢掠，无恶不作。咱们家的人不得不四处逃难，当时还没有你，你姐姐也刚出生不久，还在怀抱之中，我和你娘你姐，为了躲避倭寇，在草丛里睡卧，灌木里藏身，还特地选在水深流急的河边，当时的想法是，一旦给倭寇发现，我和你娘就抱着孩子投水自尽，以免给倭寇捉去侮辱。"

徐光启愤怒地握拳道："我长大了，一定要扫尽这些倭寇！"

尹氏缓了缓，说道："经戚继光大人不断剿灭，倭寇倒是不敢来江浙一带侵扰了。后来徐家分家产时，你父亲本来也分了不少钱，但是却遭了贼，加上你父亲不善于做买卖，所以徐家就慢慢穷成了这样。你父亲算是指望不上了，他生性懦弱。孙儿，我觉得你很有志气，中兴徐家的期望就在你身上了，你将来定能读书做官，光耀门楣。"

徐光启点头道："奶奶，我都记下了，我现在每天都读书到深夜呢！"

尹氏抚着他的头说："也别太辛苦了！还有，我听人说，前几日你在下过雪的城头飞跑，这可不行，一旦失足滑下来，那可太危险了。还听人说，你经常去爬龙华寺的那座塔，有次险些失足跌下，有这事吗？"

徐光启说道："孩儿也是为了锻炼身体和胆量嘛，古人说'上马击狂胡，下马草军书'，能文能武才是国家栋梁，孩儿不愿像那些手无缚鸡之力的书生一样，只会写些酸腐的文章，实际上百无一用!"

尹氏是个明理的人,听小光启说得很有道理,也没有再力劝,她从袖中又摸出一把铜钱,悄悄递给光启,嘱咐他多买点吃食,不要饿着。

徐光启一开始本想推辞不要,后来转念一想,家里的书全是四书五经之类应举的"教科书",兵书和农书一本也没有,他想用这些钱去买书。

所以,趁清明节人们祭墓踏青之时,他就揣着这些钱,找机会偷偷去了城中的书肆,先买了《孙子兵法》和《六韬》。但一问农书,店主却说没有,徐光启不禁着急地问道:"为什么没有农书呢?你这里书这么多,还是帮我好好找找吧。"

店主答道:"孩子啊,你想读书人为了应举做官,都看四书五经,看这种粮种菜的书做甚?一般的农夫,都是大字不识,连账也不会记的人,又如何能读这些农书呢?"

看到徐光启焦急的样子,店主不禁又问:"孩子,你找这农书做什么,你现在这么年轻,应该攻读经书,将来博个功名啊!"

徐光启说道:"我觉得天下之书,开卷有益,农书更是书中之宝，农事是天下之本，农事有了保证，自然天下太平，海晏河清。"

店主见徐光启虽然是个黄口少年，但出口成章，见识不俗，于是指点他说："城北郭有个吴处士，虽然一辈子没有考取功名，但酷喜藏书，而且有段时间他靠抄书谋生，见过的书实在不少，你去他那里访求，想必有收获。"

徐光启听了，马上撒腿飞奔，一路小跑着去找吴处士了。

城郭北面，隔着一条小河，桃林深处，有两三间茅舍，只插了半人高的竹篱作为院墙。

徐光启见柴扉半掩，刚想上去叩问，只听"嗷"的一声，从里面冲出一只大黄狗，上来就要扑咬徐光启。好在徐光启身手敏捷，闪身避开后，脚一蹬就跃上了一株桃树，那只黄狗还在冲着他吠叫，只见院里跑出一个容貌清秀的小姑娘，也只十来岁左右，喝住了自家的黄狗，向徐光启问道："可咬着你没有？不好意思，我家这里轻易不来外人。"

黄狗听了小姑娘的叱喝之后，卧在地上，一副温驯的样子，徐光启这才放心，他从树上缓缓溜下，对小姑娘说："我是来拜访吴处士的，请问他可在家？"

小姑娘说："哦，是这样啊，你找我爹爹有什么事？"

还没等徐光启回答，只听一个洪亮的声音说道："女儿，是谁来寻我啊？"话音未落，一个身形高大、面容清癯的中年男子走了出来。

徐光启已猜到此人就是吴处士，当下深深一揖，说道："光启冒昧前来，打扰先生了，还望见谅。听人说先生是爱书之人，藏书极富，光启想寻一些书，不知先生能否相助？"

吴处士捻须一笑："白酒酿成缘好客，黄金散尽为收书。到我这里找书的人可不少，但像你这样的少年却是从来没有，不知你这小儿郎想找什么书啊？可是《三坟》《五典》《八索》《九丘》？"

徐光启说道："光启此次前来，是向先生求一些农书。"

吴处士不禁一怔："农书？找这种书看的人还

真少有，你一小小孩儿，看这个做甚？"

徐光启说道："学生觉得，读书旨在明理济世，农书讲的是农事，事关天下苍生饥寒安稳，但世人皆轻之贱之，甚是可惜，光启虽小，但想读一读农书，日后也希望能写出这样的书来，惠及世人，造福百姓。"

吴处士听了，更是暗暗惊奇，心中赞道："这少年胸怀奇志，实非俗辈，将来必是人中俊杰！"

他说："农书我倒是也有一些，只是多日不看，也少有人问津，不知压到哪个角落里了，你和我一起来找一下吧。"

走进屋里，只见四壁全是书架不说，桌上椅上床上地上到处都堆满了书，几乎无处下脚，只有一条半尺宽的过道，可供人通行。徐光启笑道："我听说南宋大诗人陆游将自己住的地方命名为'书巢'，吴先生此处，也堪称此名了。"

吴先生钻到书堆里找了半天，忽然抽出一卷暗黄发脆的旧书说："找到了，这本《齐民要术》写于北魏，作者相传是一位叫贾思勰的贤人，这书共有十卷，我这里缺了一卷，里面先写的是怎么种粮，比如豆、麦、麻、稻；然后写怎么种菜，比如瓜、瓠、葵、蔓，还有栽树的方法，像枣、桃、李、桑之类。此外，还有怎么养猪牛羊、鸡鸭鹅以及鱼虾鳖蟹之类……"

还没等吴处士说完，徐光启就高兴得拍手道："太好了，太好了。"

吴处士翻开此书后几页说道："此后，就是写怎么酿酒造醋、煮胶制酪之类的了，可惜这些可能损毁了。对了，我再给你找一本书，那本书中专讲这个。"

说罢，吴处士又伏身在书丛中找了半天，终于又拿出一卷书来，兴奋地说："对了，就是这书，这书名为《梦溪笔谈》，里面也写了不少工艺器用的学问。"

徐光启如获珍宝，兴奋完了，又有些忐忑地问道："学生有心想借先生这两卷书回去抄录，不知是否方便？对了，学生这里还有一些钱，虽然微不足道，但却是一片心意，还望先生笑纳。"

说罢，从怀里掏出买书剩下的那一串铜钱，恭恭敬敬地呈给吴处士。

吴处士摆手道："不必了，书要送有缘人，这两本我平日也不怎么看，放在我这里鼠嚼虫蠹，白白糟蹋了。这两本就送你了，不必还了。"

　　徐光启大喜过望，再三拜谢后就要告辞，吴处士想留他用饭，他怕家里父母惦记，当下回绝了。他正转身要走，吴处士又叫道："且慢，你家住何处，父亲叫什么名字？"

　　徐光启如实回答后，心中不免有了疑虑："难道他送了我这两本书又后悔了，想找机会再索回？"他心中打定主意，回家后立即开始抄录，这样就不怕这位先生再要回了。

　　那小姑娘见徐光启快步走远了，也问道："爹爹，你问他的家做什么，不是说书送他了吗，难道还要找到他的家去要吗？"

　　吴处士笑道："女儿啊，爹爹是想给你找个婆家，你看这个少年是否合心意？"

　　吴姑娘虽然年小，但也知道害羞了，一下子跑到里屋去了。她的母亲正端了饭菜出来，嗔道："胡说什么，没个做父亲的样子，怎么能和女儿这样说！"

吴处士端起酒盅，喝了一口，说道："这个少年品貌俱佳，胸怀奇志，矫矫不群，长大后定有一番作为。把女儿许给他，实在可托终身啊！多少婚姻事，都是只凭媒妁之言，小儿女们都没见过面，一旦所托非人，可是终身之恨啊，像你的姐姐，就嫁了个脑子有问题的人，心中郁郁难平，竟然投河自尽了，唉！"

这一番话倒是提醒了吴夫人，她反而着急起来，催道："这倒是，事不宜迟，你快点找人去提亲啊！"

就这样，徐光启和吴家姑娘就定了亲，但是祖母尹氏觉得徐光启还小，生怕他成婚后荒废学业，于是约定等徐光启中了功名后，再娶新娘过门。

这年秋月，一场台风过境，把徐光启家刚结桃的棉花吹得七零八落，徐思诚看了，不禁捶胸顿足，气得两天没有吃下饭。母亲钱氏也是泪水涟涟，倒是祖母尹氏十分镇定，说道："天灾人祸，在所难免，这比遭遇倭寇强多了，棉花没了，明年还能再种啊！人在就好。"

徐光启也紧皱眉头，望着一片狼藉的棉田苦苦思索。突然，他说："爹爹，我有一个想法，台风往往是八月以后才来，如果我们早些播种，台风到来之前就可收摘，岂不是就不会受台风的影响了？"

徐思诚拿起一根棉花杆子，在他的头上敲了一下，说道："傻瓜，要是能早种，大伙不都早早地种植了。种得早了，棉苗或者不出土，或者一下子就给冻死了。你啊，赶快给我读书去，将来做了官，吃朝廷俸禄，何必操这份心！"

徐光启一动不动，他倚着一棵树，继续思索，突然他又有了新发现，拉住徐思诚说："爹爹，你记得不，今年春天，天还很冷的时候，我们一起除草，这草别的地方不生，就是在大麦田地长，我问您为什么这杂草偏偏这么讨厌，您说是麦根护土，地气暖和，杂草才爱长在麦田里。既然是这样，我们不妨把麦田转种棉花，麦苗覆盖在地上，这样棉花也许能早出一个多月，就正好避开了台风。"

见父亲半信半疑，徐光启接着说道："不如这样，把咱家的棉田给我半亩，按我的方法试验一下。”

这时候，祖母尹氏发话了：“光启这孩子聪明，他的法子说不定能成，就让他试一下吧，咱家的一半棉田都按他说的方法种。”

第二年，徐光启的方法收到了奇效，棉苗出土早了二十多天，虽然这年台风来了七八次，但徐家的棉花早早收获了。这一年，因为台风，棉价奇贵，徐家收入颇丰，一家欢喜，都夸小光启有本领。

徐光启趁机又建议把自家低洼难耕的一块地边角种上柳树，以供薪材之用，这些举措，都大大改善了徐家的生活。

不过，祖母这天又专门叮嘱徐光启，科举仕进才是最重要的，她说：“你看你大姑家的表兄俞显卿，年前中了秀才，家中就不用再服差役、徭役，官府还会赏给饼果、花红、纸笔，街坊四邻人人敬重，就连知县大人也高看一眼啊！”

徐光启答道：“奶奶，孩儿现在没有丢下功课，那些四书五经背得滚瓜烂熟，黄先生说再过两年，我就可以去考秀才了。”

尹氏高兴地说道：“好啊，奶奶的身体是一天不如一天了，只盼你能考个功名，光宗耀祖，再娶上媳妇，让我见到重孙出世，奶奶就是死也能闭眼了。"

徐光启眼中含泪，当下点头答应，又连夜温书苦读。

困于科场

　　徐光启作为童生参加了几次考试，却因主考官觉得他年龄太小而没有通过，直到二十岁那一年（1581），才中了金山卫的秀才。

　　吴处士登门贺喜，又提起了婚事，他对徐思诚说道："亲家翁，如今我们不如来个双喜临门，让这对小儿女花好月圆，鸳鸯比目。"

　　徐思诚一听，满心欢喜，和母亲、夫人一说，两人也是极力赞同。于是徐家吹吹打打，迎了吴姑娘过门。

　　吴姑娘生性贤惠，聪明能干，纺纱是个能手，一人能纺出三个人的活。钱氏对这个儿媳妇极为满意。第二年冬天，儿媳妇又给徐家添了一个大胖儿子，徐光启为他取名叫徐骥。

然而，此时的徐家，却是越来越贫困。祖母尹氏岁数大了，疾病缠身，已是卧床不起，钱氏一大半时间都要用来服侍她。妻子吴氏，要照看小婴儿，家中的劳力只靠徐思诚一人，徐思诚此时也年过半百，他当惯了甩手掌柜，吃完饭背着手到田里溜达一圈就算干活了，倒是徐光启一边读书，一边钻到田里，忙个不停。

桂子飘香，又是一年，徐光启已是二十七岁了。

昏黄的油灯下，夫人正在替徐光启收拾衣物，她抓紧想把一双鞋纳好。徐光启见她终日辛苦，又憔悴了几分，说道："这次的乡试在安徽太平府（今当涂），路途足有五百里之遥，前几年祖母病重，花费了几乎全部的积蓄，后来发送她老人家时还借了一些钱。如今你们为了给我凑盘缠，不但卖掉了家中的猪羊鸡鸭，甚至连口粮都拿去换了钱，这让我于心何忍啊！要不今年的秋闱，我就不去了吧！"

这时五六岁的小徐骥也跑过来拉住徐光启说：

"爹爹,我不要你走,我要你陪我玩……"

夫人一把抱起孩子,嗔道:"别胡闹,你爹爹要去做大事!"小徐骥放声哭了起来。

这时母亲钱氏过来了,哄住了孙儿,说:"你爹爹是去博取功名,回来就骑着大马,披红挂花,然后领着你到街上,店铺里那些玩具啊,糕点啊,让你随便买,想要多少要多少!"

"好哇,好哇",小徐骥拍着手跳着脚叫喊着。

徐光启脸上却一丝笑容也没有,他深知,自己肩头的压力越发大了,虽然他熟读经典,下笔千言,但科举的命运又岂是自己能左右的?

南运河的帆船上,徐光启正和同乡董其昌、张鼐、陈继儒立在船头上闲谈古今,大家把各自的诗集拿出来赏阅。陈继儒看了董其昌的诗篇后,赞道:"思白(董其昌的号)兄,你这句'狂客家风蓑笠在,壮夫心事宝刀知',杂入唐人集中,也不会逊色啊!"

董其昌谦让道:"谬赞谬赞,兄的这句'石枕月侵蕉叶梦,竹炉风软落花烟',实在是清丽脱俗,可用黄庭坚赞东坡语:'非胸中有万卷书,笔下无一点尘俗气,孰能至此?'"

陈继儒连忙说:"可莫如此说,让大家笑话。"

董其昌又转头对徐光启说:"子先(徐光启字)兄,为何不把你的诗集给大家看一看啊?"

徐光启微微一笑,说道:"小弟才疏学浅,及不上诸位兄长,平时也少有习作,因此不敢班门弄斧。"

这时候张鼐却发话了,原来他和徐光启共住一个船舱,对他的情况最为熟悉,当下说道:"我见过他一直在灯下抄录整理,有这么厚一大本呢。子先兄何必吝啬,怕我们偷你诗中的妙句不成?我们可不是宋之问,为了偷一句诗,就杀人害命。"(相传唐代诗人宋之问喜欢其外甥刘希夷的那句"年年岁岁花相似,岁岁年年人不同",索要不成,就下毒手害死了刘希夷)

徐光启只好将书稿取出来无奈地说:"这不是诗集,而是一本农书,我读了前人的农书后,又结合现在的五谷棉麻之属,将它们的习性和种植心得记入其中，日后可命名为《农政全书》。"

董其昌、陈继儒、张鼐等人取过书稿一看，无不惊讶，果然写的全是稻谷、农器、蚕桑之类的事情，董其昌不禁说道："稼穑是农夫之事，我等读书人，用它不着，何必虚耗精力在这上面？"

这类话徐光启早就听了不少，他只是笑了笑，并不想反驳。一时气氛有些尴尬，后来张鼐说了句："国以民为本，民以食为天，衣食以农桑为本，子先兄倒是身在草野，心怀天下啊！"

说话间，船到句容（今江苏句容），天色转阴，秋雨淋漓，大家弃舟登岸。只见徐光启向他们深施一礼，说道："小弟有些私事要去办一下，就不和诸位一起去吃饭了，明日也不必等我，诸位自行登舟前去就好，我们在太平府再会。"

说罢，就撑着一把破旧的油纸伞，缓步离去。

董其昌见徐光启走远，回头说道："他为什么不和我们一起走了？难道是今天我们谈论诗文时得罪了他？"

陈继儒说道："也许吧，不过我看徐光启涵养极好，不像那种人啊！"

董其昌摇头道："要不是因为这事，为什么连饭也不和我们一起吃呢？人心隔肚皮，有人就是表面大方，内心小气啊。"

徐光启不和他们同行，根本不是为了今天下午那几句关于诗集的闲话，徐光启心胸开阔，哪里会那样的偏狭？其实，最重要的原因，就是因为囊中羞涩——他的钱袋里没剩下几个钱了。

董其昌、张鼐、陈继儒这几人，都家境豪富，颇有银钱，一路上买酒买肉，大吃大喝，当真是食不厌精，脍不厌细。徐光启也不好意思一直蹭吃蹭喝，于是也做了两回东，可所带的盘缠很快就要花光了。再这样下去，恐怕连回乡的路费也没有了，于是他只好找借口自行离开。

徐光启来到一处民舍中借宿，问过了主人，得知此处离太平府走陆路也就一百里的路途。不过如今连日阴雨，加上那条路非常狭窄，十分难行。主人说："秀才是读书人，还是乘船前去为好，在船舱中安稳得多。"

她不顾风雨苍茫，就擎着伞，背着包裹，沿着那条崎岖湿滑的羊肠小路，一路走去。

徐光启难道不知道坐船是最轻松自在的方式吗？但是雇船也要百十文钱，自己的盘缠都是全家人从牙缝里省出来的，能少花一点就少花一点吧。

于是他打定了主意，第二天一大早，不顾刮风下雨，就擎着伞，背了包裹，沿着那条崎岖湿滑的羊肠小路，一路走去。走了半日，这风雨不但没有停息，反而越来越猛烈了。秋风吹来，冷得人直打颤，路本是卵石铺就的，走起来滑得不得了，徐光启几次摔倒在地，险些滑落到江水之中，浑身上下，更是早被冰冷的雨水淋透了。

徐光启一边走一边想："这正是孟子所说："故天将降大任于是人也，必先苦其心志，劳其筋骨，饿其体肤，空乏其身，行拂乱其所为，所以动心忍性，曾益其所不能。'这场风雨，也许正是上天给我的一次考验，如果能以此换来金榜题名，又有何憾？"

徐光启咬紧牙关，硬是在凄风苦雨中急行了一百多里，于当天傍晚到达了安徽太平府。

找到一家便宜的客栈后，徐光启让店小二生了个火盆，烘烤一下淋湿的衣服和书本。店小二见徐光启斯斯文文，又带着笔砚，于是冲他挤了挤眼，说道："我这有好东西，要吗？"

徐光启见他神色诡谲，不禁心生警惕，当下问道："你说的是什么？"

店小二四下瞅了瞅，见并无外人，于是转身回房，取出几个小本本，塞到徐光启的手里。徐光启凑着火光定睛一看，原来是《论语》《大学》《中庸》《孟子》这四本书，书极小，字体也如芥豆之微，刚刚能瞧得见，他说："这是四书啊，我自小就背熟了的，买这个何用？"

店小二悄悄说道："相公你可就不明白了，这样的小本四书，最方便携带了，科考之时，悄悄带入考场，俗话说，好脑子不如烂笔头，比着这本书抄，比你自己用心背，不是省事多了？这也不贵，只收你一两银子，四本书全给你，可好？"

徐光启一把掷还给他，朗声说道："这种科场舞弊的事，徐某决不会做，我劝你也不要做这种教唆良人子弟作奸犯科之事！"

那店小二一脸尴尬，悻悻地道："充什么清高，我看你分明就是穷得出不起钱，人家都去考官家送礼请托，你肯定也不会去吧？"

徐光启好奇问道："按我朝律例，试前考官都要锁院，不得通达消息，如何还有拜托之事？"

店小二得意地说："我说你是个书呆子吧，考官大人虽然锁在院中，但家人经常借送饭送物的机会，沟通消息，不过为了避嫌，考官大人的府门也是一直紧闭，你有钱也送不过去，但是考官大人的妻弟张老爷那里却成了一个代收点，有礼物送过去，一样能管用。"

徐光启愤然道："难道我朝科举，竟然败坏至此？"

店小二摇头道："依我这多年的经验，送上礼的，也未必榜上有名；但不送礼的，必然落榜。我看你是没希望了，提早准备回家的事吧！"说罢，他就自行去后厨忙乎去了。

徐光启回到房中，点了一盏如豆的油灯，翻了一下书本，想起店小二所说的话，心中慨叹不已，但愿他说的话不是真事，不然，这次科举恐怕要劳而无功了。

此时云散月明，徐光启举头望月，不禁又惦念起家人。

虽然徐光启在科场上文思泉涌，洋洋洒洒地写就了文章，但是放榜之日，他翘首凝望，找来找去，却始终没有发现"徐光启"这三个字。

陈继儒也落榜了，而董其昌因为提前拜谒了考官，榜上有名。陈继儒愤然对徐光启说道："科场取士，本为选才，结果却成了选财，不送钱财就难以得中，这叫什么世道！"

接着他又骂道："还有这八股烂时文，是什么东西。像什么《发兄弟怡怡》，满纸写的是：'亦必以仲由必亦难乎其怡怡如也，必亦难乎怡怡其如以切切也，必亦难乎怡怡其如以偲偲也。怡怡非难，又甚有难于怡怡者耶？'这简直像苍蝇嗡嗡叫，算什么文章！"

徐光启也叹道："这等文字，无关天下饥寒，更不能卫国御敌，一点用途也没有，只是白白虚耗天下才士的精神，误国大矣！"

陈继儒越发激动，一把将头上的儒冠揪下来扔到地上，又用脚狠狠踩了几下，说道："兄弟主意已定，再也不考这种欺世盗名的功名，我回到家中，就焚书砸砚，从此隐迹山林，与鱼鸟为亲，清幽一生，岂不快哉！"

徐光启苦笑道："小弟也想如此，只可惜家贫无财，一大家子都要指望着我来谋生。当年孟浩然说得好，'一丘常欲卧，三径苦无资'，我恐怕还是要一直考下去。"

陈继儒拉住他说："何以解忧，惟有杜康。我们去酒楼喝上一顿，解解忧闷吧！"

徐光启却推辞了，说道："小弟要趁天色尚早赶回家中，就不陪仁兄了，还望见谅。"

说罢，他背起行囊，就迎着寒风大踏步地走远了。

此时，徐光启的家中，也是十分艰难。因为所有值钱的东西都给了徐光启作盘缠，所以根本无钱买菜买粮，只靠从亲戚家借来的一点粗粮充饥。偶尔寻来个鸡蛋，就留给徐骥吃。

这天，吴夫人煮了半锅稀粥，盛了两碗，送到婆婆钱氏房中。却见钱氏倒在床上，有气无力摇头道："我刚才去镇上卖纱，在饭铺吃过了。这粥你和骥儿吃吧。我这会儿累了，歇息一下。"

吴夫人没有察觉有什么异样，母子二人就着自家腌的几茎野菜，吃了那两碗粥。

这天霜寒风冷，早早就安歇了。睡到半夜，忽然听得厨房里有动静，吴夫人一惊："难道有贼？"她抄起一根门栓，蹑手蹑脚地来到厨房门外，悄悄往里瞅。

只见一个佝偻的身影，正在那里生火煮东西，却不是婆婆钱氏又是谁？

吴夫人走过去问道："婆婆，大半夜您这是在煮什么？"

只见钱氏神色颇为尴尬，好似做贼被捉到一般，吴夫人一把掀开了锅，只见锅中煮的是一个又老又黄的蒌瓜。她当下就明白了，心疼地说："婆婆，你根本没吃东西啊，这蒌瓜是咱家篱笆上那一个吧，那是留种用的啊！这又老又硬的，怎么能吃啊？"

钱氏却笑道："不碍事，今天去集上，价钱不合适，没有把纱卖掉，明日卖了纱，就有口粮了。今晚就用这个瓜来填饱肚子吧。"

她抬头，只见儿媳妇眼中全是泪水，又劝道："哭什么？说不定没过几天，光启就中了举人，博了个功名回来，到时候咱家鸡鸭鱼肉摆上一大桌，有叫化鸡、咸水鸭、东坡肉、西湖醋鱼……"

让婆婆这么一说，吴夫人也兴奋起来了，憧憬起未来的美好日子。

第二天下午，她们迎来了风尘仆仆、一脸憔悴的徐光启。他一迈进大门，就扑通一声跪倒在院子中间，他觉得愧对家人。

钱氏抚着他的背说："吾儿，谋事在人，成事在天，科场失利是常有的事，明年再考就是了。"

徐光启含泪答应，当下立誓说："孩儿定要博取功名，不负母亲所望。"

回家后，徐光启一面开馆教学谋生，一面继续温习功课，以备来年再考。然而，一年年花开花落，徐光启收获的只是一次次的失落。四年后，徐光启的母亲钱氏因病逝世，他在灵前哭得极为沉痛，深愧没有金榜题名，告慰母亲。

远赴广西

转眼间，已是万历二十四年（1596），徐光启都三十五岁了。这天，突然有一位身着锦袍的官人，乘轿来访。他见到徐光启后，拱手说道："某姓赵名焕，别号凤宇，现闲居家中待朝廷铨选，今有事来烦先生。"

徐光启颇为惊讶，说道："大人光临寒舍，不知有何见教？但有所命，自当效力。"

这赵焕一摆手，家丁呈上一封纹银，他接着说道："是这样，久闻徐先生文章彩藻，妙笔生花，赵某见过，十分叹服。现在想请先生到府上教授犬子，不知先生能否给赵家做个西宾？"

徐光启尚未回答，父亲徐思诚见这赵焕出手

大方，忙说："既然赵大人如此盛情，你就去吧，家中之事，不必挂心。"

见此情形，徐光启也只好答应，他收拾了一下行装，就随赵焕来到了几十里外的赵家府上。

只见赵府西侧，有一个小跨院，南北弓形的矮墙上，有两个月亮门，里面植树叠山，又有翠竹成荫，这个幽雅的地方，就是赵家的书馆——镂石堂了。

弟子赵公益十几岁，徐光启见他性情沉稳，并非顽劣孩童，当下放了一大半的心。又见书馆中图书极为宏富，不禁欢喜不已。

到了晚间，赵焕走进院来，向徐光启说道："徐先生，晚饭可中意？不知先生口味，草草备了六样小菜，水酒一瓶，还请先生不要见怪。"

徐光启忙道："赵大人客气了，以后不必如此铺张，只要两样菜就好，酒也不必送了，饮酒容易误事。"

说罢，他一指屋中的四壁图书，赞道："赵大人，真正令光启兴奋不已的，是这些书啊。徐某家贫，不能购尽天下藏书，实为憾事。如今能读到这许多的书，实在是如入宝山，欣喜若狂啊！"

赵焕笑道："前人曾有以《汉书》下酒之说，先生之雅趣，恐怕也已追古人了！"

就这样，徐光启住在了赵府。除了偶尔回家探亲外，只是每天孜孜不倦地读书，认认真真地教赵公益功课，寒来暑往，两人教学相长，于学问上都有极大的进益。

不觉秋去冬来，这年元宵节刚过，赵焕就请徐光启在家中小宴，席间说道："先生，今有一事相商，吏部下了文书，选我去广西浔州任知府。不怕先生笑话，此次前去，夫人舍不得儿子，定要带他一起过去，但小儿功课未完，他对先生甚是依恋，不知能否请先生也一同前往广西呢？"

"这个……"徐光启有些踌躇不定。

"古人说，行万里路，读万卷书。先生还从未去过两广一带，不如趁气力壮健之时，多走一走，看一看啊。"赵焕殷切地劝道。

徐光启答道："赵大人的深情厚谊，徐某深感于心，只是父母在，不远游，如今家母虽逝，父亲尚在，我要回家禀告父亲，听一下他的意见。"

赵焕当下就答应了。

等徐光启到家中一说，徐思诚满口答应，他说道："吾儿啊，自从你到赵大人家教馆以来，家里衣食丰足，千万莫轻易丢了此差事啊！况且你跟着赵大人，也能多结识些贵人，你就去吧，家中之事，不必挂心。"

于是，徐光启就收拾了行李，随着赵家人一起去了广西。这一天，穿过了五岭，来到了有名的梅关古道。

赵焕指着那座巍峨的雄关说道："这梅关古道始于秦汉，但一直崎岖难行，直到唐开元四年，宰相张九龄向唐玄宗进言开凿梅岭，皇帝同意后，费了无数的人工物力，才开成一条六尺宽的古道。你看，这山脚下，还有一座庙呢，就是当地人感念张九龄的恩德，为他所建。"

徐光启也感叹道："过了这座梅关，就过了大庾岭了吧，想当年那宋之问过此地时，写过很有名的一首诗：'度岭方辞国，停轺一望家。魂随南翥鸟，泪尽北枝花。山雨初含霁，江云欲变霞。但令归有日，不敢恨长沙。'想必就在此处，但当时尚没有这条古道。"

赵焕说道："是啊，唐宋之时，贬官罪人多发配到两广，他们也都视为畏途，如今我朝开国以来，两广之地渐渐繁荣，反有胜过中原之态，先生大不必学宋之问泪下沾衣了，哈哈。"

过了梅关，来到了韶州。果然如赵焕所言，这韶州城里，花团锦簇，百货杂陈，琳琅满目，街市上人头攒动，摩肩接踵，极为热闹。客栈、银楼、药铺、烟馆、布店、米行、车行，一家挨一家，南北货物诸如丝绸、棉花、茶叶、烟丝、瓷器、广盐、香药、水果乃至铜、铁、锡制品之类，应有尽有。

虽是二月天气，这里却花木葱茏，熙暖如初夏时分。徐光启见百姓衣着形形色色，口音也十分难懂，不仅大为好奇，觉得大开眼界，实在是不虚此行。

他缓步踱到一家洋货行中，首先就被正中桌案上的一座洋钟吸引。只见这座西洋自鸣钟，浑身金灿灿的，表盘呈玉白色，有三个粗黑的指针，

只见这座西洋自鸣钟，浑身金灿灿的，表盘呈玉白色，有三个粗黑的水滴尾指针，表盘下方是四条水状的飘带。

表盘下方，是四条水状的飘带，并有两头大象，獠牙颀长，肥壮可爱，将表盘驮起，只见随着这座钟"滴嗒"声响，表针也在均匀地走动。

他正要发问，突然这座洋钟响了起来，一共响了十二下。店主得意地说："这是西洋钟表，看它报时多准，午时就响十二下，这可是从万里之遥的欧罗巴洲传来的稀罕之物啊。"

徐光启最喜欢探研诸般机械，于是凑上前想仔细研看，店主瞧徐光启头上戴一枚铜发簪，穿一身洗得发白的布衣，不像有钱有势之人，当下挥手拦阻道："离远点，这是我借来摆的洋货，弄坏了你可赔不起！"

眼见登门看稀罕的顾客越来越多，店主索性招呼伙计，把这座西洋自鸣钟拿到里屋收起来了。

徐光启无奈走出了门。这时店门口一个脚夫对他说道："你要是想看自鸣钟啊，就到洋和尚的庙里去看，人家洋和尚那里的钟更稀罕，还有小木人出来敲钟呢，而且洋和尚脾气很和善，才不像这家店主这样小气！"

"洋和尚？"徐光启好奇地问道。

"就是西洋来的，穿着大袍子，黄头发蓝眼珠鹰钩鼻子，胸前带着十字架，性情倒很和善，有很多稀奇古怪的法器，想必也有些道行。"

徐光启听了，忙问道："那人居住何处？离这里可远？"

脚夫答道："不远，你从这里往东走，约莫走上半个时辰，就可以看到一个尖塔，上面竖着高高的十字架，那就是洋和尚的庙，对了，洋和尚把那里叫教堂。"

不多时，脚步匆匆的徐光启来到了教堂前，只见这座教堂虽然不是特别高大，但造型极为独特，一对八角形的尖形塔顶刺向天空，塔面上分别装有两个巨大的罗马数字的钟面，东西两侧的外墙建有飞拱和飞扶壁，凌空斜撑。装饰有尖形拱窗、玫瑰窗、女儿墙等。

教堂正面的圆形玫瑰花窗，最让徐光启感到惊奇。这扇窗用深红、深蓝、紫黄等诸色玻璃镶嵌，当时玻璃在中国还是稀罕之物，多数人都没见过。只见窗花心作十字状，外有放射式花瓣一丛，花瓣之间顶尖上又有十二个小圆，图案甚是奇特。

只见这座教堂大门洞开，很多人进进出出，徐光启也随之进去，只见这里面很是宽敞，左右各有十根大石柱撑起一道道尖拱，显得庄严肃穆。

徐光启左顾右盼，没有看到钟表，倒是被西侧那个巨大的圆球吸引住了，只见此物放在一个黄梨木雕花的三弯腿的支架上，球体中腰有一个铜圈，上刻四象限，然后还有一个竖圈，球面上画着一圈圈的红线和黄色，再仔细一看，还画着陆地和海洋，其中一块地方，还用汉字写着"北京"、"广州"、"杭州"、"兰州"等字样。

正在徐光启悉心端详时，只见一个人过来问道："先生对地球仪很有兴趣？"

徐光启回头一看，只见一个金发碧眼的洋人站在他身后。

这人形貌和脚夫形容得差不多，令徐光启惊奇的是，他的中国话说得很是流利，没回头前，根本听不出他是洋人。

徐光启深施一礼，问道："请问阁下大名，在下上海徐光启，远道来此，还望阁下赐教。"

此人在胸前划了个十字，说道："我叫Lfizaro Catfino，中国名字叫郭居静，是从意大利来的。"说着他在地球仪上指了指意大利的位置。

徐光启奇怪地问道："你说我们所居的大地，是在这么一个圆球上？"

郭居静点头道："是的。几十年前，一个叫麦哲伦的航海家，首次绕了地球一圈，他向着西方出发，却走到了东方，后来又回到了欧洲，这个事实证明了我们确实住在这样一个大球上，而且这个球的表面大部分是海洋。"他一边说着，一边在地球仪上比划着。

徐光启啧啧称叹，很是好奇，当下想起汉代张衡的学说，于是说道："我们汉朝时的一个人曾经说过：'浑天如鸡子。天体圆如弹丸，地如鸡子中黄，孤居于内。'看来倒和阁下的地球说相通。"

郭居静听得似懂非懂。

徐光启又问道："听说贵处收有西洋钟表，巧夺天工，极为精巧，能否让徐某开一下眼界？"

郭居静微笑道："当然可以，请随我来。"

来到教堂尽头的一个小房间中，只见陈列着十几只各种各样的钟表，大大小小，琳琅满目，只听"当当"两声，一只钟表正在报时，同时表头上那只小鸟也随之作张翅欲飞状。徐光启很感兴趣，却见郭居静摇头道："这只钟表走得不准，报时早了。"

说罢，他就动手拆下钟表的外壳，重新上了发条，加以调试，只见里面全是齿轮、游丝、摆轮之类的东西，郭居静说道："钟表的走动，力量的来源在于发条，发条再带动齿轮之类，牵动表针走动，其中的详细原理，我也不能完全明白，要懂一些数学和物理的知识。等利玛窦先生回来时，可以给你详细地讲讲。"

徐光启问道："利玛窦先生是谁？"

郭居静答道："他也是意大利人，学问很好，现在去了南京，希望能面见皇帝，让中国皇帝允许我们传教。"

徐光启又问道："那请问阁下，能否参阅一下你们西洋的书籍？"

郭居静拿了一本《圣经》，送给了徐光启，徐光启收下后，又问道："阁下这里有没有西洋科技之书呢？就像有关天文、地理、数术、工艺之类的？"

只见郭居静面露踌躇之色，徐光启说道："在下冒昧了，若是这些都是贵教的不传之秘，徐某可谓非分之想了。"

却见这郭居静走进内室，不多时带出几卷书来，他说："这里有《几何原本》十五卷，是古希腊欧几里得所著，并非不传之秘，在西方学校里都有教授，只不过不像《圣经》一样有中文译本，先生可以拿去，只是如果不懂拉丁文，完全看不懂此书。"

徐光启连连称谢，他见书里很多的线条、三角、圆圈之类，又问了几句，郭居静却说他自己也不是太明白，让徐光启见到利玛窦时，向他请教。

回到驿站，徐光启向赵焕说了日间所闻所见，又把《几何原本》拿给他看，赵焕却不感兴趣，说道:"这些西洋妖术,奇技淫巧,只能一时炫人耳目罢了,我等还是以读圣贤书、博取功名仕进为要。"

徐光启心里不以为然,但见话不投机,也不再多说。他暗暗下定主意,有机会一定要好好研习这些西洋学问,为我中华所用。

别不多叙,徐光启到浔州之后,每日教授赵家公子功课,不觉又到了一年秋闱之期。徐光启来到赵焕的堂上,对他说道:"令郎文思大进,下笔有致,法度严谨,可以下科场一试了。"

赵焕喜道:"先生辛苦了,我让人收拾行装,准备让犬子赴顺天府(今北京)赶考。"

徐光启说道:"那如此说来,光启留在此处,已是无用,明日我就回乡吧。"

这时赵公益跑了出来,拉住徐光启的衣襟说道:"徐先生陪我去京城赶考吧,没先生跟随,我是心中忐忑,十分不安啊!"

见此情景,赵焕说道:"徐先生,就劳你随犬子赴京一趟吧,对了,你不是也能应考吗?这次的乡试,你就再考一次吧。"

徐光启苦笑道:"我已落第多次,有些心灰意冷。况且顺天府的乡试,向来是北方人才有资格应试,光启是南方人,不能在那里应考。"(明代自1425年起,由内阁大学士杨士奇提议,分为南北榜,南方和北方人分别应试,类似于现在的高考分省籍录取)

赵焕一摆手,说道:"这些事情,先生不必挂心,赵某自有安排,你就安心陪犬子一起应试就是了。"

徐光启心下也是非常喜欢,当下谢过赵焕。

这一日来到北京城下,只见城关雄壮,宫阙俨然,在秋高气爽的天空下,显得格外有气势。徐光启不禁感叹道:"昔年读骆宾王的'山河千里国,城阙九重门。不睹皇居壮,安知天子尊',这次来北京,才有深切的感触。"

这几日,徐光启一直陶醉在京城的秋色里,登了西山,游了南苑,寻了潭柘寺。京城的宫阙、城楼、庙观、街市，以及古槐、芦花、秋蝉、蟋蟀，夹杂着凉爽的秋意，都大异于江南风景，这让徐光启感到新鲜有趣，并为之沉迷。对于应试，并没有放在心上，虽然也进了科场，认真答了卷子，却没有抱太多的期望。

到了放榜之日，多少人一夜未眠，一大早就跑去贡院附近翘首期盼。而徐光启因为夜半时分去什刹海银锭桥上赏月，又多饮了几杯，直到日上三竿，还依旧酣睡。

这时，只听锣鼓喧天，人声喧闹。一群人闯入了客店，店小二问清来历后，跑到徐光启住的房间，高声叫道："徐先生，大喜啊！你高中了乡试第一名！"

接着，又过来一群人，七手八脚给徐光启戴上簪花的冠冕，身上披上彩绸，然后扶他上马，前面有一队仪仗开路，吹吹打打，游街夸耀。

徐光启当下是又惊又喜，好大一会儿，都怀疑是在梦中。

在当时，考中举人，就已经算是功成名就，因为就算会试考不中进士，也已经有了做官的资格。

欢喜之余，定下神来，徐光启按照当时的惯例，备了一份礼物，上门去拜访此次科场的主考焦竑。

徐光启早就知道这焦竑是八年前的金榜状元，心里十分钦佩，深施一礼说道："久仰大名，今日得见，三生之幸。"

这焦竑已经五十七岁了，鬓发胡须均已斑白，他让徐光启落座后，端起茶碗示意一同饮茶，然后说道："说来甚是有缘，放榜前一日，老夫把诸生的卷子重看一遍，均不满意，多是些陈词滥调，没有一篇文章能入眼。于是我让人把那些落选的卷子拿过来看看，就发现了你的卷子，当时我就质问那些阅卷的官员，为何这等言之有物、文采飞扬的好文章不选？这些家伙支支吾吾，也说不出什么原因来。唉，这科场舞弊由来已久，想必选上来的，都是有过请托的人，只是老夫没有真凭实据，也不能把他们怎么样。若非老夫用心，你恐怕又要明珠暗投了。"

徐光启一听，心下更是感激，说道："焦大人实在是徐某的伯乐，于我有出淤泥入青云之恩，徐某想尊焦大人为师，不知能否允可？"

焦竑说道："客气了，门生座师一说，甚为俗套，焦某也没有多少学问教授阁下，只是虚长了几岁。不过我收藏了不少书籍，有机会可以去我在南京澹园的藏书楼一览。"

提起藏书，徐光启眼前一亮，他从怀中掏出那几卷拉丁文的《几何原本》，呈上去说道："学生在广东曾见到一个西洋传教士，赠我这几本奇书，不知恩师以前是否曾看过？"

焦竑拿来一看，只见这上面全是洋文，又画了不少的线条、圆圈，也是摸不着头脑，当下说道："梵文佛经，焦某倒是收藏了一些，但西洋的书，却不曾收藏，也看不懂，这本书你知道说的是什么吗？"

徐光启说道："我虽然也看不懂，但听西洋传教士说是一本数学著作，里面讲的是科学道理。西洋人现在已经乘船绕行了地球一周，并造出佛郎机火炮，以及精巧的自鸣钟等物，都是靠的科学知识。"

焦竑听了，也非常感兴趣，当下叮嘱，如果这几卷《几何原本》译成中文，定要拿来给他看看，并纳入他的藏书楼收存。

译介西学

徐光启欣喜之下，也没有在京城多做盘桓，而是赶紧回家中报喜去了。听说徐光启中了乡试中的第一名解元，当地官吏都来恭贺，还送了写有"天下文魁"字样的巨匾。

家有巨资，有"松江顾半城"之称的顾昌祚也前来提亲，想将女儿许给徐光启的儿子徐骥为妻，徐光启欣然同意了。

随着徐光启的家资逐渐丰饶，他的藏书也越来越多了。然而，闲来无事时，徐光启却不时把那几卷《几何原本》拿出来看，越看越是纳罕，心想："何日才能见到那个西洋教士利玛窦，让他解说一下此书中的奥秘呢？"

而此时，徐光启却不知道，他离开京城后不久，利玛窦也来到了北京。

利玛窦此行并不顺利，当时万历皇帝因为日本侵犯朝鲜的事情，非常烦心，太监见皇帝情绪急躁，于是对利玛窦等人说："如今圣上心绪不佳，没空看你们进贡的那些西洋玩意儿，你们还是回去，等以后再来吧！"

利玛窦本想靠晋见皇帝将基督教广泛传播，眼见无法实现，只好又回了南方。

一年多后，朝鲜半岛的战争平息，明军获胜，万历皇帝欣喜之下，犒赏群臣，利玛窦听说消息后，又再次带了西洋贡品，求见皇帝。

这一天，已是岁末，皇宫之中，贴红挂彩，焚香备供，一片辞旧迎新的喜气。万历皇帝用了早膳，他已经很多年不怎么按时上早朝了，一时间觉得有些无聊，乱翻书案时，突然发现驻守在临清的太监马堂的一份奏折，说是有西洋教士带了很多稀罕玩意儿，其中有自鸣报时钟两座。

万历皇帝大感兴趣，心想这辞旧迎新之际，让宫里上下及近臣们都欣赏一下这西洋的稀罕玩意儿，岂不是更能增添过年气氛，当下吩咐道："传谕给马堂，前些日子说的那个西洋自鸣钟，怎么还不进献来？"

当下京城派使者八百里加急，报与马堂。马堂忙让利玛窦等人带了贡品，火速进宫面圣。

金殿之上，利玛窦恭恭敬敬地献上他不远万里从欧洲带来的"宝物"——天主像一帧、油画两幅、祈祷书一本、镶宝石的十字架一座、《万国图志》一幅、钢弦琴一架、缀以纯银链的三角形玻璃杯以及一大一小两个报时自鸣钟。

万历皇帝看了油画，感觉上面的人物立体感极强，鼻子似乎是凸出来一样，用手指一摸，却又是平的，不禁大感新奇。然而，最为令他欣喜的，还是那两座自鸣钟。因为长途运输，钟表需要调试，利玛窦临时才给钟表上了发条，看到钟表嘀嘀嗒嗒地走动，不一会又出来一个小木人，抡锤敲钟，万历皇帝不禁喜笑颜开。

利玛窦说道："皇帝陛下，这座钟表能按中国的十二时辰报时，从一下到十二下，精准无误。"

万历皇帝问道："这钟表能一直走下去吗？"

利玛窦说道："皇帝陛下，不行的，走一两天之后就要再上发条的。"

万历不禁皱眉道："那怎么办，先生不便常居宫内，这钟表一停，不就成了摆设？"

利玛窦也懂得中国宫廷的一些规矩，当下说道："我愿意把上发条的方法，教给宫中的太监。请选两个聪明的太监，跟我学习。"

万历皇帝大喜，当下命钦天监的四名太监，跟随利玛窦学习钟表技术。又传将作监的人来，命他们在御花园内为自鸣钟造一个钟楼。万历皇帝说道："这钟楼是用来供置西洋宝物自鸣钟，和以往的钟楼不同，务必要华丽瑰奇，才能和这件宝物相称，一应费用，朕已吩咐内府按需支取，绝不吝啬。"

大的自鸣钟放在了钟楼，那个可以握在手中的青铜镀金小自鸣钟，万历皇帝就放在寝宫，朝夕不离。

兴奋之下，万历皇帝对利玛窦厚加恩典，将宣武门一带的宅院赐给他，并让朝廷发给他俸禄。于是利玛窦就长居北京城里，而身为传教士的他，其志向还是为了传教，让更多的中国人都信奉基督，对传播西洋科学的热情不大。

然而，徐光启的到来，终于使诸如《几何原本》这样的西洋科学进入了中国人的视野。

万历三十二年（1604），徐光启来到京城参加会试，以第八十八名的成绩中了进士，并获得殿试第五十二名的成绩，被留在翰林院任庶吉士。

能选入翰林，这在当时是一种极大的荣耀，也是仕进中最快捷的途径。明代曾有规定：非进士不入翰林，非翰林不入内阁。所以如果想当上宰相，这是一条必走之路，像明朝著名的内阁首辅张居正，就是庶吉士出身。

徐光启当了庶吉士后，决定安家北京。他将自己的老父亲和夫人都带到北京，只留下儿子徐骥在上海老家。

翰林庶吉士的职责是在翰林院进学，但"进学"云云，并没有多少实质性的东西，只是看看书，喝喝茶，闲谈度日罢了。

此时的徐光启欣喜地得到一个消息，利玛窦

徐光启拿出那几卷拉丁文的《几何原本》，诚挚地说道："先生从西洋来，能帮我译出此书吗？"

此时也在京城居住。

万历三十三年（1605）的寒冬，一场大雪让北京城格外的寒冽，大风吹动古槐的枯枝，护城河结了厚厚的冰，空气中也到处弥漫着一股煤烟味。

眼见红日将坠，徐光启缓步从翰林院走到了宣武门西大街，这段路足足有六里多，天寒路滑，更是难行。但徐光启求知心切，所以虽然北风如刀，但心里却是暖暖的。

来到宣武门附近，徐光启看到了利玛窦在此处建的一座小教堂。因天气寒冷，利玛窦没料到此刻还有人来访，他曾经在南京匆匆见过徐光启一面，如今两人重会，都很高兴。

徐光启见利玛窦儒服儒冠，一副读书人打扮，湛蓝的眼睛里闪烁着智慧的光芒，他拿出那几卷拉丁文的《几何原本》，诚挚地说道："我这些日子以来不断思考，觉得此书玄妙非常，数学是度量万物之根本，天文地理之源流，先生能帮我翻译此书吗？"

利玛窦耸了耸肩膀，对徐光启说："阁下有如此用心，上帝会保佑你的。不过我要首先说明，第一，这本是数学书，概念十分抽象，有些难懂，很多名词术语都是中文里原来没有过的；第二，这本书并不是什么炼金书，也不是你们中国人讲的奇门遁甲术，你不可能从中获得财富。南京有一个叫瞿太素的人，对我带来的三棱镜非常感兴趣，人家给他五百两银子都不卖，以为有什么点石成金的奥秘，后来翻译了这本书其中的一卷，发现里面纯是数学的道理，于是就很泄气地放弃了。"

徐光启微笑着回答："这本书我早有了解，我们中国古人曾说过'朝闻道，夕死可矣'，就是说如果一个人明白了世间的真理，哪怕马上就会死去，他也心满意足了。"

利玛窦说道："既然先生有此决心，那我们就做吧，不过这本书学起来还是有些困难的，差不多两千年前，欧几里得写成这本书后，托勒密国王曾经想学习这本书中的内容，要欧几里得教给他学习的诀窍，想走捷径。但是欧几里得坚定地说：'陛下，这里面可没有捷径可走！'所以先生一定要有心理准备，要沉下心来去学习，真正懂了之后，才能翻译无误。"

这本书中的平面几何知识，都是利玛窦当年读书时学过的，对于他来说，当然非常轻松，不过对徐光启而言，就困难得多了。一是徐光启从来没有学过西洋的数学知识，再就是其中的一些术语，中文里并没有相对应的词汇，想要选择比较贴切的汉字，实在也是大伤脑筋。

回到家中，徐光启还一直拿着草稿反复研读修改，吴夫人不知他忙些什么，就拿了针钱在灯下做活，一面说道："夫君，咱们家中的米只剩下几顿了，没想到你做了京官，咱们还是有断粮之虞啊！"

徐光启这时才恍然发觉，自己家米瓮几乎见底了，他面有愧色说道："我们先去邻家借些米支应几日吧，然后我再给儿子写信，让他寄些米粮杂物来。唉，这真是宋诗中所说的：'假贷烦邻里，经营愧老妻。'"

吴夫人看到徐光启日夜辛苦，很是不解地问道："你不是已经考取功名了吗？怎么还在日夜攻书？"

徐光启笑道："我不是在温习四书五经，是在翻译一本数学书。其中好多妙理，都是大家以前不懂的。"

说罢，徐光启用纸裁出一个三角形，和吴夫人说道："你看这样的三角形，无论什么形状，这三个角凑一起，都是平的。"

见夫人不太相信，他撕下纸三角的三个尖角，拼在一起，果然是平的。

夫人自己剪了一块废布，试了一下，果然也是如此，但她又问道："知道这些有什么用处呢？"

徐光启说道："这学问看似没用，其实正所谓是'无用之用'，用处可大了，你看西洋的钟表之类，精巧无比，实际上都是基于数学的道理，另外，像兴修水利、建筑楼阁、制作机器，甚至火器军械之类，都离不开数学，此书若能通行于世，必将造福后人，一点不输于农桑医药之书。"

就这样日复一日，徐光启上午到翰林院点卯，下午就在利玛窦处听他解说《几何原本》，然后回到家中再反复斟酌措辞。眼见稿子越积越厚，徐光启乐在其中，全不顾别人笑话他在做"无益之事，无用之功"。

冬去春来，到了初夏时节，晦涩艰深的《几何原本》前六卷（平面几何部分）就已经全部译成了。徐光启欣喜之余，希望再接再厉，把后九卷也译出来，但利玛窦却失去了耐心，他借故身体不好，推脱了。也许后面九卷中的立体几何和数论部分，利玛窦自己也不怎么懂。徐光启无奈之下，只好将前六卷先刻印出来，并不无遗憾地说："绩成大业，未知何日？未知何人？书以俟焉。"

没有想到的是，这《几何原本》后九卷的翻译，一搁置就是整整二百五十年，直到鸦片战争的坚船利炮轰开中国的大门后，才由清代学者李善兰（1811—1882）译出。这时候，中国的科技水平已经大大地落后于西方世界了！

徐光启对《几何原本》的翻译，是中西文化交流史上重要的一笔，有着极其重要的意义。这是一个非常完美的西方科学译本，它简练、准确、图文并茂。梁启超曾评价它为："字字精金美玉，是千古不朽的著作。"其中的很多数学概念一直沿用到现在，初中数学课本中的那些几何术语，如点、线、面、平面、曲线、曲面、直角、钝角、锐角、垂线、平行线、对角线、三角形、四边形、多边形、圆、圆心、平边三角形（等边三角形）、斜方形（菱形）、外切等等，都是由徐光启命名的。

徐光启在《几何原本杂议》一文的卷末，曾经写下一段很深刻的文字：

昔人云"鸳鸯绣出从君看，不把金针度与人"，吾辈言几何之学，正与此异。因反其语曰："金针度去从君用，未把鸳鸯绣与人"，若此书者，又非止金针度与而已，直是教人开草冶铁，抽线造针；又是教人植桑饲蚕，涑丝染缕。有能此者，其绣出鸳鸯直是等闲细事。然则何故不与绣出鸳鸯？曰：能造金针者能绣鸳鸯，方便得鸳鸯者谁肯造金针？又恐不解造金针者，苋丝棘刺，聊且作鸳鸯也！其要欲使人人真能自绣鸳鸯而已。

由此可见，徐光启在当时就充分认识到数学

的重要性，他把数学比作是绣出鸳鸯的金针，是一切科学的基础，是人们了解自然改造自然的工具。我们现代人认识到这一点，并不足为奇，但在那个把四书五经奉为至高至上的学问，鄙视科技，将之嗤为工匠之事的明代，徐光启的思想又是何等的超前！

徐光启曾说过："欲求超胜，必先会通，会通之前，必先翻译。"了解世界上的先进文化，然后消化吸收，最后创造出自己的优秀文化，这是徐光启的志向，由此可见他的胸怀和智慧，不愧是"中西文化会通第一人"！

悉心稼穑

就在《几何原本》前六卷刚刚译毕之时，徐光启的老父亲徐思诚病逝了，享年七十有四。在那个年代也算得上是高寿了。父亲虽然没有见到日后高官厚禄的徐光启，但毕竟看到了他身染御香，出入紫禁，成为人人钦羡的朝廷命官，也算没有遗憾了。

哀痛之余，徐光启按当时的惯例，要守"丁忧"之制。所谓"丁忧"，就是官员们暂停职务和工作，回乡守孝三年。职位保留，期满后恢复。在此期间，一般不再发放俸禄。

告别了京师的尘沙，回到了熟悉的江南家乡，呼吸着水乡的湿润空气，望着那葱茏的草木和漠漠水田中飞起的白鹭，徐光启感觉心中异常的安稳，仿佛又回到了童年时母亲的怀抱。

他想起了小时候，在田间劳累之后，父亲和他坐在乌桕（jiù）树下乘凉，并和他讲道："这乌桕树啊，不但到了秋天叶子好看，而且木质坚硬，用处很多，无论做车做船，还是桌椅，都坚固耐用，另外还可以榨出油来，做蜡烛，做肥皂……"

于是，他就买来乌桕树苗数百株，种在了坟地间，以此来寄托哀思。

这年夏天，天公好像发了怒一般，狂风暴雨闹个不停，仿佛女娲补过的苍天又漏了个洞，把天河的水都倾盆倒下。这一场水患，来势凶猛，将江南地区将要采收的稻禾之属，扫荡殆尽。百姓们个个捶胸顿足，但是却无可奈何。

天刚一放晴，徐光启就顶着烈日在田间劳作，补种作物。眼看父亲的脸被晒得黝黑，黄豆大的汗珠不停地从额头滴下，儿子徐骥不禁心疼地说："父亲，您也快五十岁了，这么辛苦受不了啊！咱们家就算颗粒无收，也饿不着肚子，这些田地就算荒了这一年，也没有什么太大关系。"

徐光启放下锄头,倚到大树下,稍事休息,喝了半碗水后对徐骥说道:"儿啊,为父自小就喜欢农桑之事,为此还曾经和你爷爷争论过一番,当时你爷爷也说读书仕进是第一要务,我却偏偏不服气。虽然我在科举路上爬了半辈子,也当上了京官,但是我始终觉得,这些四书五经之类,只是文章道德之用,于济世救民并无实际用处。真有了敌寇,那些八股时文,能当一箭一炮之功?真出现饥荒,那些八股时文,能抵一粥一饭之效?所以说,农工匠艺这些为士绅名流之辈所不屑的才学,其实才是真正有用的东西。为父早就积累素材,想写一本农书,十多年前就取好了名字,叫作《农政全书》,但至今没有完备。要知道天下学问,无边无涯,这不,福建有个年轻人,他也姓徐,知道我喜欢农事,给我带来了一些西洋人从海外带来的种子,说是叫番薯,听说可以替代五谷来裹腹充饥,如今稻田荒掉,正好拿来试验,如果有效,就推而广之,百姓又多了一条活命的途径。"

几个月后,徐光启亲自抡起锄头,从田里翻出了一枚枚肥大的红薯。他欣喜地发现,这种新试种

徐光启放下锄头，对儿子说："为父早就想写一本农书，名字都取好了，就叫《农政全书》。"

的作物，出乎意料地高产，这真是救灾充饥的好东西啊！

街坊四邻也纷纷过来，惊喜地看着这种非常新奇的作物，只见最大的粗如碗口，有人试着咬了一口，觉得虽然有些涩，但却有甜脆的感觉，徐光启笑道："这东西，煮熟或烤熟后，味道极佳，骥儿，你去厨房取一些来，给众乡亲尝尝。"

徐骥用一个大木盘，端来好多。大伙一尝，红红黄黄的瓤，香甜软糯，如糖似蜜。大家赞不绝口，有的说："好吃好吃，和西瓜一样甜啊！"

另一人反驳道："西瓜哪有这东西耐饥，西瓜解渴管用，当饭吃可不行。"

又有人说："我觉得像大个的毛栗子，又软又甜，只不过栗子远没这东西大啊！"

又有人提议道："咱们就请徐先生给这东西取个名吧！"

大家纷纷附和，说道："对，徐先生博学多才，给这个好东西取个名儿。"

徐光启略一思索，说道："此物原名番薯，从南洋传来，但番字不好听，既然大家都觉得甜，那就叫甘薯吧!"

大家纷纷讨教甘薯的种植方法,徐光启又赠给他们一些甘薯,带回家去给妻儿品尝。

等到众人散去,月照半床,徐光启却辗转反侧,难以入眠。他想:"众乡邻知道了甘薯的好处,日后必然得益,但天下百姓不知者极多,我要写一本书,讲一讲甘薯的好处和种法。"

于是,徐光启重新点燃了油灯,在灯下疾笔写了起来。他写下了"甘藷(薯)疏"三个大字,其中总结了甘薯的十三样好处,称为"十三胜":

一、高产品优(甘薯一亩可以收数十石,产量极丰)

二、色白味甘(在众多土中作物里,是味道最好的)

三、薯蓣同功(和山药有差不多的营养价值)

四、繁殖快速(可以遍地传生,剪茎作种,今年种一株,来年就会繁衍出几百亩)

五、不惧风雨(甘薯枝叶附地而生,而且随藤作根,不怕风吹雨打,没有其他作物倒伏之患)

六、防灾救饥（甘薯产量大，是荒年时充饥代粮的好东西）

七、可充笾实（也就是说可以做成瓜干，长期存放）

八、可以酿酒（甘薯可以代替米麦五谷来酿酒，节省下其他口粮）

九、可作糕点（甘薯干打碎后混合面粉，可以做成各式点心）

十、生熟可食（甘薯无论生熟，均可入口食用）

十一、用地少利多（甘薯占地面积少，灌溉方便）

十二、无妨农功（甘薯春夏下种，初冬收获，不在农忙时期，而且管理方便，只要壅下土就可以了。而且甘薯生长力强，不怕杂草）

十三、不怕蝗虫（甘薯结实在土中，就算有蝗虫来袭，把叶子暂时吃光，也不影响收成）

看着这本墨迹未干的《甘薯疏》，徐光启一扫身心的疲惫，对儿子徐骥说道："希望以后这本书可以刊行于世，让甘薯广为种植，这样世上就能少一些饥民饿殍。这真是杂粮第一品，救荒第一义也！"

徐骥拿起这本书册，却不无担忧地说："父亲用心良苦，只是孩儿却担心士人轻视农桑，普通农夫又不识字，如今天下书肆，卖得最多的除了四书五经之类外，就是传奇小说，最近书肆里有一本小说叫《封神演义》，讲的是神仙打架，十分有趣，刊印极多……"

他说了一会，见父亲的脸色渐渐沉重，就住口不言。隔了半晌，徐光启才缓缓说道："尽人事，听天命。有些事不是我们能完全掌控的，但如果人人都多尽一份力，必然有所益处。前人有言：'勿以善小而不为，勿以恶小而为之。'又说：'行善之人，如春园之草，不见其长，日有所增；行恶之人，如磨刀之石，不见其损，日有所亏。'我们于世事也是如此，虽然一时未必有效果，但积累得多了，必然会对后人有所裨益。"

然而，正如徐骥所担忧的那样，由于社会上的知识阶层都鄙视稼穑之事，加上后来频繁的战乱，徐光启这本心血凝成的《甘薯疏》，竟然在中国大地上失传（原书清初已不再见），只剩下部分残篇。直到近世，人们发现朝鲜的《种薯谱》中，竟然照搬了徐光启《甘薯疏》一书的内容，于是又辑来增补，今人才得以大致窥得此书原貌，但徐公希望此书济世救民的效用却非常遗憾地落空了。

在《甘薯疏》之外，徐光启还写了《芜菁疏》和《吉贝疏》，帮助百姓们掌握种植芜菁和吉贝（即木棉）的方法。

测量法义

　　除了帮助乡邻们种植外，徐光启又将精力投入到《测量法义》的翻译中。独坐孤灯之下，神疲体倦的徐光启站起身来，出庭中踱步，但满脑子里还是想着书稿中的事情。他想起五年前，自己尚是一介布衣，未得官职，虽然有了举人功名，但还是在乡里教书为业。听到上海知县刘邑侯要疏浚龙华一带的河道时，自己就写了一本小册子，详细说了"量算河工及测验地势法"，以供参考。现在学了《几何原本》中的数学知识以后，回头想来，自己的那些方法还有很多不足之处。如今参照利玛窦处得来的这本《测量法义》，感觉又有了不少新思路，于是他迫不及待地想把这本《测量法义》全部译出，以造福世人。

又过了半年多的时间，这本《测量法义》终于完稿了，徐光启筹了一些银钱，将书刊印出来。然后带了几本，骑了一头瘦驴，行了百余里，来到了松江府，求见时任知府的许维新。

听说丁忧在家的翰林院检讨前来拜访，许知府很是高兴，当下在衙门后堂设宴招待。只见这后院中栽花留径、叠石成山，古木丛篁之中，大有"咫尺间，缥缈蓬壶趣"的意境。

席间这许知府说起自己十二失母，三十又失父，幼小时全赖祖母吴氏，徐光启也念起自己小时候祖母尹氏的慈爱来，两人越说越投机。

许知府当下吩咐下人到自己书房取来一部书稿，送给徐光启说道："此乃愚兄这些年来积下的诗稿，灾梨祸枣，仅堪覆瓿。"

徐光启双手接过，说道："许大人过谦了，小弟自当细细拜读。"然后徐光启从怀里拿出一本书册，递给许维新道："小弟也有一本书相赠，还望许大人多多提携。"

许知府以为是徐光启的诗集，当时文人酬

酢，互赠自己的诗稿是司空见惯的事情，但他取过书册一看，却是一本名为《测量法义》的书，上面画了很多图形，圆圈三角，各种线段错综复杂，看了两眼，完全不懂是什么意思。他有点惊诧地说："这是何书？难道徐君你拿错了书不成？"

徐光启微笑道："非也非也，小弟正是为了这本书而来。还望大人多加重视，广为推行。"

许知府摇头道："这是匠人百工之事，君子不齿，徐君现供职翰林院，何不留意翰墨，却做这等无益之事呢？"

徐光启急道："我等食君之禄，忠君之事。国家大事，不外乎外御强敌，内安百姓，如今满洲后金兵锋袭扰中原，百姓又受水旱之灾，致使盗贼蜂起，四海汹汹，这岂是高诵四书五经、八股时文能解决的？"

许知府听了，倒也有点心动，但他对于科技一直没有关注过，当下竟然一时没法接口。

这时，席间一个刘姓师爷见场面有些冷，当下接过话茬说道："既然徐先生有此秘籍，何不显示

徐光启伸手一指那方塔：“诸位可知这座方塔有多高？”

一下其中的神通，让我们开开眼呢？"

徐光启皱起眉头，心想这本书无非是讲测量方法，并不像西洋钟表、三棱镜之类还能让大伙瞧个新鲜，如何能让他们信服呢？

他抬头望见窗外那座松江府的方塔。这座塔始建于北宋熙宁年间，本名兴圣教寺塔，砖木结构，高九层，因为造型是四方形，故人们一般就叫它方塔。

看到方塔，他当下有了主意。他伸手一指那方塔："诸位可知这座方塔有多高？"

众人面面相觑，都说不上来，刘师爷道："相传有十丈之高，但好像也没有仔细量过。"

徐光启笑道："今天徐某就给大家量一下，不用登塔，也不用长绳，我就能算出这方塔有多高。"

众人跟随着徐光启来到后园中。只见他从行囊中拿出窥管和角仪，对准远处的塔尖测了一下角度，走了十几步后，又测了一下角度，然后量了一下距离，拿起一颗小石子在地上算了一番，然后朗声说道："这方塔有十三丈六尺六寸到八寸高。"

众人狐疑满腹。刘师爷说道："徐先生真是能掐会算？这么远就量得出来？"

徐光启笑道："诸公不信，可以派人登上塔顶量一下，便知真伪。"

许知府当下吩咐道："刘师爷快找几位造楼的工匠来，让他们带井绳、矩尺之类登上塔顶来测一下，我们也走过去看看，顺便消消食。来人，在塔下设下帐幕桌椅，香茶侍侯。"

众人应诺而去。

徐光启和许知府漫步来到塔下，刚饮了两盏茶，刘师爷就跑来禀报："知府大人，刚才工匠量好了，此塔高十三丈六尺六寸多一丁点儿！"

许知府赞叹道："果然奇才！先生何以知之，当真有诸葛孔明的奇门遁甲之术不成？"

徐光启笑道："非也，非也，这是西洋数术，从《几何原本》一书的道理推绎而来。测绘之术，看起来虽然不起眼，但至关重要，无论是修城、开河、造船、铸炮，只有精于测术，才能事半功倍。

现在洋人提水都有滑片泵、齿轮泵等机械，用于农田灌溉，极为方便。还有西洋火炮，犀利威猛，无论攻城守城，都堪称利器……"

没等徐光启说完，只见一个身着青袍的年轻人，从围观热闹的人群中跨步向前，扑通一声就跪在徐光启面前，说道："学生孙元化情愿拜徐先生为师，习此技艺，为国家效力！"

徐光启忙起身将他扶起，只见这人眉目疏朗，年纪不过二十多岁，当下十分欢喜。想自己年近半百，精力越来越不济，这些从西洋传来的技艺，还得多多授给年轻人学习才是，于是欣然应诺。

谈了几句后，徐光启得知这孙元化原来是给事中孙浚的后裔，眼见他聪明伶俐，当下就将自己带的那本《测量法义》给了他。孙元化翻看了一下说道："这本书颇多精深奥义，学生恐怕自己看不明白，还望先生能拨冗赐教。"

徐光启笑道："你是嘉定人？那好说，离我居住的地方不远，暇时到我的学馆来吧。我丁忧在家，有一些子弟过来求教，也难以推辞，只好临时又设起了学馆，不过他们都注重科举仕进之事，不愿学我的这些西学数学，你如果有此心，那再好不过，我家颇有几间房舍，吃住都方便。"

孙元化又是一揖到地，满带感激之情说道："多谢先生，学生感激不尽，自当用心修习，不负先生所望。"

日后，孙元化经徐光启的指点和教导，尽习西洋学问。他修习《几何原本》之后，又加上自己的心得，写成《几何用法》一书，后来更钻研西洋火炮的学问，引进仿制了西洋火炮，重创后金军马，这是后话，暂且不提。

忙碌的时光总是短暂，转眼已是万历三十八年（1610）的十月底了，正是"秋至江南草未凋"的时节，徐光启望着满园陆续结实的瓜果蔬菜之类，还真有点舍不得离去。看到徐光启在离别的酒宴上满怀惜别之情，来送行的江南名士张溥劝道："徐公何必如此，能金榜得中，做到京官，身染御香，日近龙颜，这可是天下读书人梦寐以求的事情啊！"

徐光启叹气道："如今朝廷奸邪蔽圣，党争险恶，徐某虽想为国家出力，但去过京城才知道，要想做件事，尽管是利国利民的好事，也是如衣败絮而行荆棘中，步步艰难！"

治碱开荒

　　回到京城，徐光启官复原职，还是当翰林院检讨。来到冬日里阴霾重重、天日无光的北京城，徐光启听到了利玛窦在几个月前就染病去世的消息，心里更是低沉。

　　想起那些一起译著《几何原本》的日子，徐光启不胜悲戚，他备了祭品，来到平则门外二里沟的滕公栅栏。

　　徐光启立在墓前，只见高大的螭首方座碑上刻有"耶稣会士利公之墓"八个大字，碑文写道："利先生讳玛窦，号西泰，大西洋意大利亚国人。自幼入会真修，明万历壬午年航海首入中华衍教，万历庚子年来都，万历庚戌年卒。在世五十九年，在会四十二年。"

徐光启看了之后不禁苦笑，心想这撰写碑文的人也太不熟悉利玛窦先生的情况了，可惜自己当时不在京城，否则碑文绝不至于如此潦草含糊。

利玛窦的墓是黑顶圆拱式的长方形状，青砖砌就。徐光启摆完祭品后，又把自己新著的《测量法义》在墓前烧了，他本想带此书来和利玛窦一起商榷研究，可惜此愿成空，不免遗憾终生了。

眼看昏鸦噪树，红日西坠，一弯明月如钩，斜映天空，徐光启呆立良久，怅然离去。

果然，正如徐光启之前所担心的那样，他在朝中处处掣肘。万历四十一年（1613）时，他担任春闱考官，得罪了当时的阉党中人魏广微。这魏广微比徐光启小了十四岁，他们是同科进士，一起负责科考的阅卷。但魏广微惯于钻营，是个十足的小人。当他知道朝中大宦官魏忠贤一手遮天，且和他是同乡，都是河南南乐人，于是借同乡同姓之缘由刻意巴结。魏忠贤见他奴颜婢膝地来效忠，确实是一条忠实的哈巴狗，于是也对他加以笼络，一时间，朝中有内魏公、外魏公之说。

阅卷时，徐光启和魏广微发生了争执，这姓魏的不知私下受了谁的请托，硬要选几篇狗屁不通的试卷。徐光启看后非常气愤，坚持不许录用这几人，又看到有一个叫鹿善继的举子，文笔不凡，有绝群之姿。想起当年焦状元从黜落的试卷中选出自己文章之事，徐光启更坚定了信念，力主将鹿善继选上金榜。这姓魏的心中不忿，恶人先告状，说徐光启徇私舞弊。虽然有司查询之后发现并无实证，但徐光启气愤难平，郁闷成疾，病了一场。

卧病几个月后，徐光启心灰意懒，给远在上海的儿子写了一封家书，唤来老仆说道："近来有官船下江南，你带这封信回上海老家一趟，让我儿徐骥找一间靠城的房子，要有田可种，有池可观，有屋可住。我现在岁数大了，天天要吃药，再不能住比较远的乡间了。"

老仆接了信，缓了缓说道："小人多嘴，老爷要是想种田，也不用回乡置地，前些天听一位天津来贩菜的乡农说，那里荒田无数，好地也就六七分银子一亩，贱的只不过二三厘，几乎等于白送。只不过那里有的低洼易涝，有的被海水侵过，盐碱成灾，所以说地价极为便宜……"

徐光启一听，欣喜不已："马上给我雇车，我要到天津去看看。"

这老仆见徐光启这样热心，又有点担心起来，忙说道："老爷，都怪老仆多嘴，这天津的荒田能不能种很难说，俗话说便宜没好货，咱也不能图贱买老牛，这些田要是没法种，可千万不要责怪老仆。"

徐光启笑道："这个无妨，你莫要担心，我不怕它难种，越难种越好。"

老仆听了，更加是丈二和尚摸不着头脑，他看看徐光启的神情，是由衷地透出喜悦之色，不像是说反话，当下不再多想。殊不知徐光启要置办田地，并非像其他贪财的官员一样，是为了谋利，他是为了搞农田试验。难种的荒地，若能探索出一套种田丰产的方法，加以推广，这才真正是造福于民的好事。

来到了天津葛沽，只见这里靠近海边沙滩，荒地成片，根本没有人种植庄稼，长的全是芦苇和杂

徐光启让他们先把低洼的部分筑堤，以防洪抗涝，离河比较远的地方，则开渠备旱。

草之类，找来的中间人是天津本地人，他不敢欺瞒，和徐光启解释道："老爷，这地没法种，以前有过一些乡农在这里试种水稻，然而夏天海河泛滥，把庄稼淹了，水退之后，想补种点其他的吧，又泛上来白花花的盐碱，一年下来，白费力气，所以这田只有撂荒了。"

徐光启却抚须笑道："无妨，无妨。"中间人满腹狐疑，也不敢多问，当下就帮着徐光启和当地人讲价，由于地价极廉，徐光启一下子买了八百亩。

友人听说后，纷纷惊诧，有的还惋惜徐光启等于是把白花花的银子扔到水里了。但徐光启却兴奋异常，他终于找到一个可以大展身手的地方，好将自己的理论和方法实践一下。

徐光启首先测算了这块田地的地形地势，绘成图样，然后请来石龙、吴胜两家以及阿招、张本、傅信等人，让他们先在低洼的部分筑堤，以防洪抗涝；离河比较远的地方，则开渠备旱。

石龙、吴胜等人见徐光启戴着斗笠，在地头上跑来跑去，偌大的年纪还整天风吹日晒，当下劝道："老爷不必如此挂心，我们不会偷懒的。"

徐光启笑道："我来此处督察，不是怕你们偷懒，是我要亲身体会这里的荒田改造过程，不历诸事，不免有纸上谈兵之感。"

石龙等人半懂不懂，只觉这位老爷很奇怪，稍微有些资财的人都不愿意干农活，徐光启这位堂堂的朝廷命官，居然脱了官服，换了朝靴，戴上草帽，扛上锄头，亲自来干农活。他在自己暂住的院子里，种了各种杂花闲草，还有葡萄之类，好多不知来历的人，都把徐光启当作是一个普通乡农老汉。

而且，徐光启还经常和老农们请教积肥壅粪的方法。有一天京城有朋友捎信给他，找来找去，没看到徐光启，后来才发现，在臭气熏人的晒粪场边，正和老农聊天的那个一身灰土的老头，竟然就是堂堂的翰林院检讨徐光启。

朋友惊愕不定，来到徐光启在荒地边临时搭起的小屋后，只见院中杂花闲草，倒是极有情致，因此问道："徐兄近来效陶令归田，高情雅致，不知更有何佳作，可供小弟拜赏。"

徐光启笑道："近来效樊须学稼，无心诗文。"

朋友不信，见徐光启书案上笔墨杂陈，还有一本薄薄的小册子，显然是正在誊写，于是说道："徐兄何必过谦，这一册，想必是居此而作的新集吧？"

说罢就自行从书案上拿了过去，然而翻开书皮一看，只见上面写的是"粪壅规则"四个大字，里面写道：

天津屯田兵云，用麻糁，亩官斗五斗，若用干粪，得二十石。若初年新开荒地，不用粪，过两三年力渐薄，乃可用也。其所言二十石，似太多，难听从耳。

北京城外，每亩用粪一车，该银九分。

广东壅蚝灰壅稻，亩用银一分，约灰十余斤。

京东人云，不论大田稻田，每顷用粪七车，每车用银一钱一二分，贱时一钱。此大少，亦不知者之言也。

天津屯兵云，大地新开，与开荒同，亦不下粪……

才看了几行，他不禁瞠目结舌，奇道："徐兄以翰林之才，金马玉堂之身，为何写此污秽之书？"

徐光启正色道："此言差矣，这本书虽然名字不怎么好听，但不可称为污秽之书，世上那些让人败德乱性的文字，才是污秽之书。这粪壅二字，虽然听起来令人掩鼻，却是农事第一要务。君可知，民以食为天！君可见，一旦饥荒盛行，有多少人会饿死，会吃树皮，吃草根，甚至吃棉絮，吃观音土！想我等享用的羔羊美酒、香稻佳果，哪一样不是从田里来，哪一样缺得了粪肥？我初来此地种稻，含胎不秀，多不结穗，就算有穗，也多为空壳，都是施肥不当之误。如今有了经验，这些荒田大概能产三四百石粮食，这些口粮又能让多少人吃饱肚子呢？所以说，这本书远胜诗文之书，是实实在在造福世人的文字。"

朋友听了，不禁肃然起敬，恭恭敬敬地将那本《粪壅规则》放在书案上，说道："小弟浅见，未能领会徐兄济世爱民的心肠，惭愧惭愧！"

喝了两盏茶后，朋友才说道："今来拜访徐

兄，是探听到一件大喜事，皇上前几天听人举荐徐兄学问渊博，为人忠朴，故有意让阁下到东宫给太子讲学，拟升你为左春坊左赞善之职呢！"

听了这个消息，徐光启脸上竟没有多少喜色，反而忧心忡忡地说："我正准备把南方老家善于种稻的陈大官找来，在这里试验种稻，可偏偏这个时候朝廷又召我回京……"

朋友摇头道："哎呀，别人都挤破脑袋想谋这个职位呢，给太子讲学，这是多么重要的职位，你想将来如果太子荣登大宝，他当然要重用自己最亲近最熟悉的人了，到时候你登堂拜相，位极人臣，也并非不可能的事啊！"

徐光启却苦笑道："白居易昔年有诗：'三分鬓发二分丝，晓镜秋容相对时。去作忙官应太老，退为闲叟未全迟。'我如今也早无争竞之心，只盼留下一些经验，于工于农有所益处，以造福世人。"

然而，君命难违，徐光启于万历四十五年（1617）正月初一，被任命为左春坊左赞善，给太子侍讲。后来，又奉命出使宁夏，册封那里的皇室子孙朱倬纮为庆王。这些差事，让朝中的有些臣子羡慕得眼红，因为这些偏居一方的藩王对于朝廷派来的钦使，常常是又敬又畏，他们担心万一来使回朝之后，添油加醋地说些坏话，大讲藩王有不臣之心，不免会惹下大祸，所以不但要山珍海味地款待，还要送上价值不菲的厚礼。

但徐光启绝无大捞油水之贪念，面对藩王馈赠的奇珍异宝，徐光启一件不收，一钱不取。他心里始终惦念着天津试稻的事情，一路上，他不断地写信嘱咐陈大官，多请教一下当地农夫，参考他们的经验，又嘱咐石龙等人，北方无梅雨季节的困扰，其实更利于养蚕种桑，另外要试着将甘薯、蔓青之类种到北方来。

徐光启几次要走，但朱倬纮以及僚属百般挽留，又安排徐光启四处游玩，好容易得以脱身回京，已是十月秋凉的季节了。

回到京师，徐光启惦念着天津田地里的事情，就借口身体不适，向朝廷告了假，匆匆回到了天津。

眼见就要入冬，石龙等人向徐光启汇报说："此处天气极冷，去年种的甘薯，虽然覆盖了草席，但最后还是都冻死了。"

徐光启皱起眉头，思考了一会儿，说道："那是不是可以将甘薯藏进地窖中，过冬后再种到田里？"

陈大官此时插话道："老爷，不成的，我们在上海时，就曾经把甘薯放进地窖里，可是没一个月，就全霉烂了，绿毛有好几寸长。"

徐光启亲自下到一个挖好的地窖中，查看了一番说道："北方土质干燥，和南方不同，只要我们找一个地势高、不积水的地方挖一个窖，将甘薯放进去，想来可以过冬。当然，这只是我的推断，万一不成，我们另作他想。"

大伙听后，觉得有理，于是按徐光启的吩咐去做了，第二年，甘薯全都出苗了，长得十分苗壮。徐光启欣喜异常，因为终于找到了在北方种植甘薯的方法，不用再年年从南方运苗过来了。

多年努力后，徐光启在天津屯田的试验获得了巨大成功，他将二千余亩的荒地，开垦成了良田，每年可收获稻米四百多石。另外，还广泛种植了蚕豆、桑、棉、石榴，养了猪、鸭、鱼等等。

为国御敌

　　万历四十六年（1618），后金的努尔哈赤在盛京"告天"誓师，声称与大明王朝结有"七大恨"，正式发出了讨明檄文，率步骑二万攻占了东北的重镇抚顺。

　　消息传来，朝野震恐，万历帝下令兵部右侍郎杨镐率四十万大军前去讨伐。哪知道经过一个月的交锋，分成四路的明军被各个击破，最后全军覆没，这就是著名的萨尔浒之战。

　　听到败讯后，万历帝惊怒交集，将杨镐革职下狱。京城里人心惶惶，以致米价飞涨。群臣们平日里鸡争鹅斗，很是活跃，但真遇上了敌国来侵的大事，个个缩头缩颈，缄口不言，生怕一出口，这带兵御敌的麻烦差事就落在自己头上。

眼见群臣一筹莫展，个个垂头丧气，万历帝更为恼怒，这时有个叫何宗彦的老臣因也在太子府供职，对徐光启的为人很有了解，于是出班奏道："臣保举一人，此人知兵晓军事，深有谋略，可以练兵御敌。"

万历帝问道："何人？"

"左春坊左赞善兼翰林院检讨徐光启。"

万历帝低头思索了一会，说道："哦，徐光启，就是那个和进献钟表的西洋人一起译出一本什么书的那个人？"

何宗彦回道："陛下圣明，正是此人。这徐光启不但译出了《几何原本》，对西洋数术极为精通，而且深有谋略，他曾写过《海防迂说》和《拟上安边御虏疏》等文，其中全是真知灼见，而且此人很懂西洋物器，若是引进一些西洋火器，定能扫平辽东，斩除敌寇。"

万历帝听了，当下召见了徐光启。徐光启分析道："臣以为萨尔浒之败，其一在于分兵御敌，我军分为四路，如手张四指，敌军只做一路，如握一拳。一拳击一指，自然力大可胜。其二在于敌人是百战精兵，人人悍勇，我军人数虽众，但却是未加选练之兵，徒耗粮饷。正如百羊不如一虎，这些庸兵上阵，实为担雪填井，于敌无丝毫之损，一败之后，白白将粮械之类送给了敌人。其三在于装备不良，主将杜松战死，头盔被敌箭穿透，将帅的盔甲尚且如此不精，何况士卒！"

万历帝听了，心有所动，当下道："依爱卿之见，当下最要紧的是练兵吗？"

徐光启朗声说道："昔年管仲有'八无敌'之说：财无敌；工无敌；器无敌；士无敌；政教无敌；服习无敌；遍知天下无敌；机数无敌。也就说要在财力、工匠、器械、人才、政教、训练、情报、形势决断方面都做到上佳，才能无敌于天下。而如今……"

万历帝见徐光启有些犹豫，大度地说："爱卿但说无妨。"

徐光启接着说道："昔时晁错有'四予敌'之说：如果兵械不好就打仗，是把兵卒的性命送给敌人；如果率领的是未经操练的庸兵，那是把将军的人头送给敌人；假如将军不知兵略，是将他的君主送给敌人，而君主不能选择真正的将才，无异于将自己的江山社稷送给敌人。"

忠言逆耳，良药苦口，万历帝虽然心里有些不自在，但如今危急时刻，也不便计较这些，他当即说道："卿言之有理，朕就命你在通州、昌平等地，督练精兵如何？"

徐光启答道："陛下让臣练兵，须依臣之见，选须实选，练须实练，一人兼数人之饷。当然，这数人之饷不是全发给士卒，是要置办精良的铠甲、马匹、兵刃甚至火器，这样一人可当数十人之用，不弱于满洲那些悍勇之寇。"

万历帝龙颜大悦，当下起身说道："那好，朕让内阁拟旨，命你全权负责练兵一事，练出十万精兵，拱卫京师，扫平辽寇！"

然而，等徐光启来到昌平、通州附近的军营时，才发生并不像想象中那样简单。当时朝政极度腐败，各衙门的官员不但贪赃枉法，而且互相扯皮，导致徐光启的练兵事宜处处掣肘。

先是有司不给饷银，推说现在就欠饷达数百万两，根本无力支付。各地选的兵卒也没有来一个人，徐光启的练兵行营成立了一个月，还是个空架子，他无奈地向朝廷上书道："臣今一身四虚无着，候命再旬，延颈垂手，无一事可做！"

后来，徐光启不得不动用私人关系，写信给当年他从科场中独持己见擢拔的考生鹿善继，他此时正在掌管饷银，这才拨发了一部分军饷。然而这只是杯水车薪，他又央告自己的朋友捐资助军，于是指挥胡楫、中书杨之骅捐出四千两银子，河南的领兵官吕试和陶尧臣等也捐出上百两银子，这才勉强能置办一些衣甲，聘来一些枪棒教头。

在徐光启的反复申请、催促下，各地拥兵自重的总兵，才不得不把手下的兵卒送来一些，但是他们不但不用心挑选精壮士卒，反而将一些老弱奸猾之辈推送过来。

这一日，红日初升，满地清霜未消。徐光启命擂鼓升帐，召集全部士兵，要精心挑选。只见出营的不少士兵，衣着破烂，面有菜色，还有一些是老兵油子，目无军法，也不成队列，嬉笑着缓步前来。

徐光启皱起眉头，心想："我朝并非无兵，而是兵多而滥，像这样的军队，白白消耗国家的粮饷，就是给他们再好的器械，也是拱手送给敌人。"

校场之中，徐光启早已放下一把重达八十斤的石锁，另外还挖出一条五尺深的堑壕。他让士卒逐一试练，凡是不能举石锁过头，轻松跳出堑壕的，即刻遣散回原来的部队。另外有些作风散漫、酗酒闹事，有不良嗜好的兵痞，也被徐光启打发走了，只留下忠厚可靠之辈。原来计划练十万精兵的构想是无论如何也办不到了，况且粮饷也不够，东拼西凑，只练了两万多人。徐光启本着宁缺毋滥的原则，淘汰了一半多的庸碌之卒，最后只练出精兵四千六百五十五名。又将其中最为精锐的一千九百零八名编为教练，稍弱者充当伙夫杂流。

然而，正当徐光启打算购置精良器械，让他们熟悉阵法以及火器之类时，朝堂却屡屡发生大事。先是一直懒居宫中，当政四十八年的万历帝驾崩了，享年五十八岁，葬于定陵，庙号神宗。然后继位的长子朱常洛只做了一个月的皇帝，就因服食"红丸"而驾崩，是为明光宗。短短一个多月，两位皇帝驾崩，一时间朝廷群臣，人心惶惶，忙于寻找新的靠山，更无心处理政事。徐光启也是心存忧虑，心想这万历帝下旨允许的练兵事宜，他在位时还诸多推诿扯皮之事，而今他归西之后，推行起来就更麻烦了。

虽然如此，徐光启还是竭尽所能，日复一日地勤奋练兵。眼见这些士兵越来越熟悉战阵，体能和技法也都有了提高，徐光启越来越有信心。不想这一天，茫茫雪原上驰来了几匹快马，来人自称是兵部的使者。他来到营前高声叫道："兵部有令，命河南道监察御史徐光启麾下军卒，尽数开赴辽东。"

徐光启愕然道："可是，这些士卒还远远没有达到训练有素的程度，这样就仓促上阵，实在不妥啊！"

兵部使者却骄横地说："军情紧急，军令如山，徐大人要是有意见，事后向朝廷申诉吧！"

说罢，此人就纵马扬长而去了。徐光启气得眼前一阵发黑，差点没昏过去，望着一队队立在操场上不知所措的士卒，他长叹一声后，拂袖回到营帐中。待研了墨，提起笔来写奏章时，更觉得头疼难忍，一颗心突突地跳，似要从嗓子眼里蹦出来一般，双手抖得一个字也写不成，只好扔下笔，倒在床上。五十九岁的徐光启在终日劳累和极度愤怒的双重打击下，终于病倒了。

这一病就是数月，不觉已到了来年的春天。徐光启拄杖来到院中，只见寒冰消融在熙暖的春风里，荡漾出一池春水，喜鹊登上欲放的梅梢，细雨洗去阴郁的尘霾，万千生机在松动的土地里悄悄地萌发，柳丝鹅黄，在柔风中摇荡，菜畦之中，也有很多绿油油的新苗钻出了泥土，他不觉心怀大畅。

"谁怜老去三春病，自觉闲来万虑空"，徐光启吟了两句前人的诗句，在院中踱了一会，但觉精神旺盛，体力渐复。

突然他想起一事，急匆匆回到屋中，又提笔在纸上写了起来。儿子徐骥这段时间一直陪伴父亲，担心地说："父亲，你大病初愈，怎么又要劳心费神呢？"

徐光启把一沓手稿递给他说："这是我总结练兵时的心得写就的《练兵疏稿》一卷，虽然眼下练兵不成，但这些经验我希望能记载下来，供后来人参考，也算是为国效力了。吾儿，为父如果不在了，希望你能保存下来，择机刊印，传于世上。"

徐骥含泪答应，又说道："父亲不必过于辛劳，不如这样，父亲口述，孩儿为您执笔。"

徐光启揉了揉眼睛，说道："也好，如今我老眼昏花，写这种蝇头小楷，实在有些力不从心，好吧，骥儿你听着，我这一本，叫作《选练条格》，共为五章：一、选士；二、选艺；三、束伍；四、刑名；五、营阵。这选士，以勇、力、捷、技四者选之……"

就这样，天启元年（1621）的烂漫春光里，徐光启的大半精力，都花在著述这两本练兵的书册中了。正所谓："不知春去几多时，纱窗几点黄梅雨。"

这年三月十三日，努尔哈赤率如狼似虎的后金铁骑长驱南下，兵锋直指沈阳。

然而，明朝边境的形势，却远不如这里那样安静恬适。这年的三月十三日，努尔哈赤率如狼似虎的后金铁骑长驱南下，兵锋直指沈阳。不多时，就将沈阳城围了个水泄不通。

　　当时的明朝统帅袁应泰商议三路出师迎敌，并列出收复清河、抚顺的计划，但明军意见不同，行动缓慢，援兵久久未至。努尔哈赤见沈阳城城高池深，外面还挖了深深的壕沟，不能说固若金汤，也是防卫森严。于是心生一计，先以小股兵诈败，明军总兵贺世贤不知有诈，他贪功心切，追出城来，进了努尔哈赤的包围圈，一时间被凶悍的满洲军兵全部杀死，贺世贤也被剁成了肉泥。

　　这时候另一个总兵尤世功来援救，也被清军杀死。城中明军士卒本来就多有胆小怯懦之辈，眼见主将纷纷被杀，吓得开城投降，沈阳城就此落入努尔哈赤之手。

　　听到边情如此紧急，满洲铁骑眼看就威胁到北京城，只知在后宫做木匠活的天启帝也沉不住气了，他让群臣们出谋划策，寻找防范后金的办法。

这时候，又有人向天启帝推荐徐光启，说道："辽东战事中，徐詹事（光启）所练精兵，能征惯战，可当大用。不妨召他入朝，询其良策。"

皇帝此时也没了主意，听有人这样说，当即同意，于是徐光启强撑病体，再一次入朝参与军机。

听得群臣议来议去，全无头绪，天启帝越发焦躁，徐光启出班奏道："启禀圣上，敌虏兵锋强悍，既然沈阳已失，不日恐怕有进犯京城之虞，于今之际，练兵已是斗而铸锥、临渴掘井，依为臣看，只有用西洋火器，才是应急御敌的好办法。"

兵部尚书崔景荣却摇头说道："火器徒有虚名，吓唬一下敌军还行，真正做战不顶用，而且火药装填费时费事，一不小心就会炸膛，反而容易伤到本部军士。况且现在满虏军中也有不少火器，他们也不像当初那样见火器就心惊胆战了。"

徐光启却昂首反驳道："崔大人差矣！光启所说的西洋火器，和我们自己土法铸造的不同，之所以有炸膛的现象，正是因为铸造时的工艺不过关，装填时的操作不规范，这西洋的火炮打得远，打得准，最适宜凭坚城而据守，我力主招募一些香山澳夷（澳门的西洋人），让他们携来火器，对付满虏，必将成功。试想满虏之长，在于箭法精绝、快马如风，我等切不可出城迎战，若凭借坚城用火炮袭远，岂不胜于弓箭百倍？"

崔景荣却嗤之以鼻说："此事关乎天朝体面，若是满虏见到，岂不笑我堂堂中华竟邀番鬼相助，天朝颜面何存！区区辽东贼寇，气焰虽炽，不过疥癣之患，不足出此下策。"

徐光启急道："但西洋人于此道确有长处，西洋的佛郎机之类，绝非火铳之类可比。"他又转向天启帝说道："陛下请看西洋钟表，就远比钟漏之类精密，所以……"

这一点打动了天启帝，因为他平日里最喜欢做木匠活，对机械之类也是十分痴迷，曾经多次拆卸、组装过西洋钟表，对于其中的结构很是赞赏。听徐光启这么一说，当下说道："徐爱卿言之有理，朕准所奏，多多购买些那个什么佛之类的西洋火器，火速戍守边城和京师。"

说到这里，天启帝突然又想起自己在后宫里

刚做了个新鲜玩意儿，虽然大体完工，但四周的龙头装饰还没安装，于是匆匆退朝。

崔景荣脸露不悦之色，对徐光启说道："火器可买，但澳门西洋番鬼不得入内，这事关天朝体面，可要记住了！"

徐光启愣在当地，反驳道："陛下不是已经恩准了吗？"

"皇上只说购买西洋火器，没说允许西洋人随军。"崔景荣狡辩道。

徐光启说："但如果不让西洋人随军教习使用，恐怕这些重金购来的火器，也不能发挥作用啊！"

争来争去，崔景荣最后勉强同意，让葡萄牙人来明军中待上一段时间，教授火炮之类的操纵方法，但不得超过四个月。

于是当年五月，招募到葡萄牙火炮师二十四人，带了二十六门红夷大炮来到京城，传授大炮的炼药、装放之法。虽然没过多久，这些人就被悉数遣回，但毕竟留下了这些精良的火炮。它们在之后的宁远大捷中发挥了重要的作用，此是后话。

拱卫京城

天启皇帝虽然对机械之事很是精通，但却不把精力用在治国理政上。他任用大太监魏忠贤，一时间阉党气焰大炽。徐光启因为不阿附这些丑类，于是遭到弹劾和攻击。

御史智铤，是阉党中的一名得力干将，他攻击徐光启购买西洋火器是"骗官盗饷之谋"，又诬蔑他在通州练兵之事是"以朝廷数万之金钱，供一己逍遥之儿戏"，并说徐光启身为文臣，参与军事方面的事务是越俎代庖，最终必然会误国误君。

天启帝本就昏庸，一切听魏忠贤安排，于是一道旨意下来，让徐光启"冠带闲住"——用现代的话说，就是让他停职反省。徐光启的满腔热情和满盘计划, 尽数被扼杀了!

之后, 朝廷中的党争越发惨烈, 许多忠直之臣都遭到阉党的打击而革职入狱, 有的甚至身死牢中, 如杨涟、左光斗、袁化中、魏大中、周朝瑞、顾大章等等。徐光启在家中听到这些消息后, 每每扼腕叹息。

不过, 徐光启的努力, 还是在不久后的宁远大捷中见到了成效。天启六年 (1626), 努尔哈赤亲率八旗军马约六万人, 于正月十四出师沈阳, 意图攻破山海关, 一举拿下北京。

有道是"女真不满万, 满万不可敌", 努尔哈赤手下的兵马有六万之众, 已足以横扫四方, 这声势, 正如北方席地卷来的寒潮一般锐不可当。这时袁崇焕镇守的宁远小城, 只有不到两万人马。想不久前, 萨尔浒一战, 明军有十几万人, 在数量上超过敌军一倍多, 还大败亏输, 现在宁远守军不到敌军的三分之一, 而且是个城矮池浅的小城, 和之前失陷的沈阳、辽阳等固若金汤的重镇不可同日而语。当时, 几乎所有人都以为这座小城会被努尔哈赤不费吹灰之力拿下。

然而，事情的结局却让人大跌眼镜。袁崇焕当时拥有十一门西洋红夷大炮，由接受过葡萄牙人训练的彭簪担任火器总指挥，于是这些震天动地的火炮，让骄横的努尔哈赤吃尽了苦头。火炮开时，后金军马被炸得血肉横飞，并且有一个高级将领被击毙，当时的奏报说道："奴贼攻宁远，炮毙一大头目，用红布包裹，众贼抬去。"努尔哈赤见士气大沮，军心尽丧，只好下令撤兵，宁远之围很快解除。

捷报传来，京师里人人额首称庆，全城一片沸腾。但这场大捷除了袁崇焕统帅有力、指挥有方外，徐光启当时建议购置的这十一门红夷大炮，可谓居功甚伟，天启帝还特意加封那门传说击毙了后金大头目的火炮为"安国全军平辽靖虏大将军"。

然而，昏庸的天启帝并没有想起倡导并引进这些歼敌利器的徐光启。

经过这场失败后，努尔哈赤郁闷不已，不久病逝，女真当时忙于选立继承人，后金对大明的威胁暂时得到缓解。

又过了一年，天启帝朱由校在酷暑之时乘船玩耍，不慎翻了船，落入西苑的池中，虽然侍从们急忙把他救护上岸，但却受了惊吓并呛了水。自此一病不起，只拖了一个月，就驾崩了。

继任的皇帝是朱由校的五弟信王朱由检，就是历史上有名的崇祯皇帝，至此，大明朝的历史已翻到了最后一页，徐光启的生命也只剩下五年的时光，他已经六十七岁。

崇祯皇帝即位后，倒是有一些励精图治的景象。他即位后仅三个月，就将大太监魏忠贤及其党羽彻底铲除，朝堂为之一振。原来被魏阉打击并构陷的东林党人也逐一平反昭雪。来年（1628）的二月，徐光启也官复原职，重新获得任用。

但是，大明朝此时已是风雨飘摇，内外交困。关外后金势力大盛，努尔哈赤虽然去世，其子皇太极也是一位非常英武之人，辽东战事频仍，明军屡屡失利。而关内江北、山东、河南等地不是旱灾就是蝗灾，还爆发了可怕的瘟疫。当时有人在奏章中写道："黄埃赤地，乡乡几断人烟；白骨青磷，夜夜似闻鬼哭。"

徐光启忧心之余，更日夜增修他的《农政全书》，他四处搜集资料，写了一篇《除蝗疏》。这本书统计了春秋时代直至元朝的一百一十一次蝗灾，研究蝗灾发生的规律，提出了一些治蝗的方法，但是，崇祯皇帝固执地认为这些灾祸是天象所致，让徐光启全面负责修订历法。

崇祯二年（1629）十月，关外白草西风，胡马秋肥，皇太极率后金精锐铁骑再次大举南下。因为吃过袁崇焕宁锦防线上火炮的苦头，这次他选择绕道蒙古，直接从正北方突破明军长城一带防线，兵锋直抵北京。

崇祯皇帝震怒之余，下令袁崇焕急驰回援，这时后金精骑行动神速，已经来到北京城下，袁崇焕之前设计的拦截计划都落了空。十一月二十日，八旗军兵临北京城下，明朝历史上第二次北京保卫战正式打响。

慌了神的崇祯皇帝，连忙在紫禁城召开紧急会议，是为平台问对。见皇帝脸色阴沉，群臣都面面相觑，不敢率先出声。

见群臣国难之时只图自保，徐光启十分气愤，他出班后朗声说道："现下的局势，万不可舍长就短，出城与敌争锋，只要凭城用炮，足可拒敌。宁远城不高，池不深，兵不多，将不广，尚足以退敌，何况京城？"

崇祯皇帝听了，心下稍安，又问道："那西洋火炮，果真可靠？有大臣说只能造下声势，不堪实用，且多有炸膛伤人之事，是否属实？"

徐光启道："西洋火炮确实犀利，但因有时铸造不精，操作不当，故发生此类事情，臣当亲自监造训练炮手，抵御来寇，报效国家。"

兵部侍郎周延儒却说道："徐光启所铸西洋炮，工费极多，却受药不多，其中是否有弊，还望皇上明察。"意思是说徐光启有谎报费用，偷工减料之嫌。

徐光启怒道："阁下哪知火炮之术，要口弹合一，不是口径越大越好，关键在于铸法精良，可以连发不损，又无炸膛之虞，这才是真正的利器。一味求大，用生铁铸成一个大铁筒，放上火药铁砂之类，简直就是一个大烟花，济得何用？"

崇祯皇帝听了，觉得徐光启言之有理，当下让

徐光启巡查中发现有一些火炮属于粗制滥造，当即下令回炉重铸。

他主持京城防务中的火器制备诸事。

六十八岁的徐光启拖着病体，拄着木杖，不停地巡视城头的火炮，检查督促炮手的操作程序，这时又发现有一些火炮属于粗制滥造的仿品，实战中很容易出事故，徐光启当即下令回炉重铸，又在安民厂一带建了铸炮的场所，顶风冒雪，里里外外，忙得不可开交，甚至来不及吃饭喝水。

十一月二十日，皇太极亲率后金军中最勇悍的正黄旗人马杀到北京城下，和前来增援的袁崇焕军兵展开激战。由于袁崇焕从山海关急驰增援，有不少兵马掉队，到达北京城下的只有五千余人，很快满洲铁骑就将明军团团包围，袁崇焕也身中数箭，好在有重甲护身，没有遭受重伤。

关键时刻，德胜门城楼上的红夷大炮开始怒吼了，八旗兵马碎为肉糜，一时间人人惊恐，士气大沮。皇太极暗暗心惊，说道："明军火器也见识过不少，怎么这次的火炮如此犀利威猛？"

他身边的汉人幕僚范文程说道："臣探听得知，这红夷大炮是徐光启让人依西洋技法铸造，与中土所用不同，射程远，打得准，威力足……"

他尚未说完，城头又是两声巨响，红夷大炮再度开火，有一炮甚至打在距皇太极十余丈处，炸死了不少亲兵将佐。皇太极想起当年的宁远之败，暗暗心悸，立即传令道："撤军三十里后，再度扎营！"

不久，后金军队在转而进攻涿州时，也遭受到火炮的猛烈轰击，又听得城中新铸了很多大炮，储备了很多火药，皇太极和很多高级将领商议后，都觉得再打下去也没有好结果，不得不黯然退兵。千钧一发的北京之围，终于解除。大明朝得以续命十五年。

然而，这场危机也越发彰显出大明朝体制的腐败和混乱，当时各路勤王之兵云集，朝廷中主事的人不但不想办法筹集军饷粮草，反而四处推诿，以致各部兵马到处索饷，甚至彼此争抢厮杀。

这一日，徐光启忙得焦头烂额，刚坐下来仰在椅上要闭目养神时，忽听门外一声通报："秦将军到！"

只听得一阵铠甲声响，一位走路如风的女将军来到徐光启面前，急匆匆地说："秦良玉带三千兵马勤王，如今却四处求饷不得，城外天寒地冻，我这些兄弟衣食无着，十分辛苦，兵部说徐大人您这里有饷银，还请快些发放吧。"

这秦良玉虽身为女子，但英武过人，令须眉汗颜。徐光启对她一向颇多敬重，但他哪里有什么饷银，只好两手一摊解释道："徐某也正苦无饷，前一段确实拨发到我这里一些银两，总数为一万六千余两，但已尽数购置红夷大炮，以及炼备火药之类，徐某现在也是分文皆无。"

秦良玉叹息一番，说道："朝廷上下，只知推诿扯皮，不敢担当，以致内政一塌糊涂，如此下去，如大厦梁柱将朽，倾塌在旦夕之间了！"徐光启也唏嘘不已。

过了几天，秦良玉部下的四川兵马就和浙江兵马因为抢夺粮饷发生了争斗，两军打作一团。朝廷派总兵毕应武捉拿了几百人，都要斩首。徐光启听了，急忙跑到刑场，向毕应武说道："前日秦良玉将军向徐某处借饷，都是徐某处理不当，才有此等事，一切罪责都在徐某身上，还望放了这些远道而来守卫京师的军兵。"

徐光启作为朝堂重臣，又是须发皆白、年近七十的老人，总兵毕应武不得不给个面子，下令释放这些争饷的军兵。

没过多久，延绥的游击将军盛以彰又率三千兵马到来，兵部还是让他找徐光启要钱。听说盛部兵马因粮尽无饷，直欲哗变，徐光启无奈之下，从自家拿出四百两银子，让盛以彰解燃眉之急。

另外，徐光启还恳切地向崇祯皇帝请求，在京城里建火炮制造厂，聘来葡萄牙人陆若汉、公沙、西劳等人，并让天文历法局的罗雅谷、汤若望等人担任技术顾问。这相当于在北京建造了第一个近代化的军事工厂！

徐光启又向崇祯皇帝进言道："此次京师拒敌，除了将士用命、舍身奋战外，火器之功也不容忽视。实战证明，火器对付满虏十分有效，从宁远之役退敌，到现在京师守卫成功，都直接证明了火器的有效，臣建议新建火器营。"

崇祯听了，略有心动，于是问道："依卿之见，火器营如何布置？"

徐光启答道："臣意以四千人为一营，每营配双轮车一百二十辆，炮车一百二十辆，粮车六十辆，共三百辆车；然后置西洋大炮十六门，中炮八十门，鹰铳一百门，鸟铳一千二百门。先练一营，再依次扩充。臣觉得，如果这样的火器营有四五营，就足以抵御境内的大小流寇；如果有十个营，关外的满虏就难以进犯；如果能有十五营，则横行天下，何愁诸寇不平？"

崇祯帝听了欢喜，又问道："何人可担此任？"

徐光启深思了一下，说道："臣保举一人，堪当此任，就是襄赞辽省军务的孙元化。"

崇祯帝沉吟道："孙元化？朕听说他是你的学生，他的女儿又是你的孙子媳妇，现在举荐他，是否有徇私之嫌？"

徐光启深知崇祯帝多疑刻薄，自己举荐孙元化定会遭到他的猜疑，然而他遍思朝中之人，能像孙元化这样年富力强，又精通西洋学问的人，实在找不出第二个来，于是他慨然答道："陛下圣明，春秋时期的祁黄羊，'外举不避仇，内举不避子'，祁午虽是其亲生儿子，但却也大力举荐，结果祁午非常称职。现在孙元化虽和微臣有师生之谊、朱陈之好，但纵观朝中，精通西学火器，而又晓畅军事者，非孙元化不可。前此后金大军进犯京师，辽东空虚，但孙元化凭借西洋大炮，驻防的八城二十四堡屹立不动，足可证明其英才将略。"

崇祯帝听了，心有所动，当即说道："准卿所奏！"

孙元化奉旨后，马上遵照恩师徐光启的吩咐，招募了很多西洋制炮专家，其中有《远西奇器图说》作者王徵、《西洋火攻图说》作者张涛等精通西洋火器的汉人学者，还有葡萄牙人陆若汉、公沙等参与，一起研究铸炮和操练新式火器营等事宜。

几个月后，孙元化在山海关城上布置了五十余门红夷炮和两千余门灭虏炮，并铸成了一门威力空前强大的巨炮。他向朝中奏报之后，崇祯大喜，派使者亲往致祭，并将这门巨炮封为"安国全军平辽靖虏将军"。

同年（崇祯三年），明军就借助火炮的威力收复了后金占据的滦州，后来又借用新式火器在辽东皮岛附近的麻线馆取得大捷，单是用火炮和火绳枪之类，就击毙了敌人七百多。

然而，新式的武器却改变不了明王朝腐朽混乱的体制，也改变不了明朝军队中派系林立、兵骄将横、军纪弛懈的现实。一场祸患在猝不及防的情形下突然发生了。

这支由徐光启和孙元化耗尽心血建立起来的新式火器部队，没有在抗敌前线失利，却毁灭在一场自己人的哗变中。

辽东皮岛的毛文龙，被袁崇焕杀死后，朝廷将其旧部分散到各处。其中部将孔有德的兵马，在山东吴桥发动了兵变，由于孙元化当时部属中有不少孔有德的亲故，于是很快也发生了哗变，葡萄牙火器专家公沙等人被杀，孙元化也被叛军所俘。

孙元化被叛军捉住后，他还苦心婆心地劝说这些叛军，不要投降后金，要等待朝廷的招抚。然而，朝廷此时却开始攻打孔有德，叛军抵挡不住，就携带巨炮和诸多火器，从海路投奔了后金的皇太极。皇太极听说得到明军的火器，大喜过望，用最隆重的礼节接纳了孔有德的叛军。

而被叛军丢弃的孙元化，朝廷却认为他罪责难逃，更有人说他早已降敌，于是崇祯皇帝下旨，将孙元化斩首示众！

徐光启听此消息，心如刀割，在崇祯皇帝面前苦求："孙元化精通火器，还是让他戴罪立功吧！臣以全家百余口的性命保证，孙元化绝不是真心反叛，只是为叛军挟裹罢了！"

首辅周延儒此时倒也说了句公道话："臣也以为孙元化虽罪有应得，但情有可原，可否留他一命？"

这时奸臣温体仁却添油加醋地说："徐光启和孙元化有师生姻亲之谊，周延儒也私下收了孙元化的好处，才替他说好话，照他们所说，只要有一技之长，就能免于国法了？"

面色苍白的崇祯皇帝震怒道："此事不许再提，不斩孙元化，何以明国法？再有徇私求情者，与孙元化同罪！"

说罢，就拂袖退朝。

徐光启气噎满胸，刚出得宫门，就跌倒在地。随从慌忙扶他上轿，回到府中，徐光启只觉双股剧痛,头昏脑涨,就此卧床不起。

这天深夜,虽然已是农历七月末,但依旧暑热未消,天空中乌云低垂,似乎又在酝酿着一场暴雨。

徐光启的卧室中,一灯如豆,他强撑病体坐起身来,正在听汤若望讲述孙元化的情景。原来,徐光启委托西洋传教士汤若望去探望关在死牢中的孙元化,但是狱卒们说上面有令,严禁探望。汤若望送了狱官几百两银子,又满脸涂黑后包上头巾,化装成送炭的民伕,这才偷偷地和孙元化见了一面。

徐光启急切地问道:"初阳(孙元化)情况如何?有什么临终嘱咐?"

汤若望含泪道:"他形容憔悴,双腿受刑后难以站立,不过精神还好,见到我后双目炯炯,毫无惊恐慌乱之情。他让我转告您,他自愧有负恩师重托,让火器落入叛军之手,转而送给了后金。"

徐光启叹道:"此事原也怪不得他啊!"

汤若望接着又说:"他还让我给您带话,请您转告他的儿孙,不要怨恨朝廷,但此后的子孙经商也好,务农也好,千万不要再当官。"

徐光启听了，仰天长叹一声，不觉已是老泪纵横。袁崇焕冤死了，孙元化也要罹难，徐光启心里深深地明白，大明朝像一座梁柱被虫子蛀空的大厦，已是摇摇欲坠，无论爱国之士的鲜血，还是威猛先进的西洋火器，都已经改变不了它走向衰亡的结局。

浑仪测天

孙元化被杀之后，徐光启期望建立一支近代化的火器部队，来抵御外敌、平定内乱，让大明朝恢复太平的构想最终落了空。他对日益腐败的朝政也越来越失去了信心，然而，他还是抱着食君之禄、忠君之事的信念，在生命的最后两年，全身心扑到他负责的天文历法上，并修成了《崇祯历书》这一巨著。

其实，早在万历三十八年（1610）十二月十五日，就发生了钦天监推算日食不准的事情。古人由于不知道日食是自然现象，往往十分震恐，一般要由天子带头来祭祀天地，并要组织人手敲锣打鼓地呐喊，以求吓走吞掉太阳的"天狗"之类的邪魅。

而这次群臣早早做好准备以后，日食却久久没有出现。有官员上疏给万历皇帝，要追究礼部钦天监的过失。由于这是铁的事实，礼部无法抵赖，只好四处访求精通天文历法的人。

于是就有人推荐了徐光启来参与历法的修订，说是徐光启精通西洋数术，另外还曾译出许多中国典籍中没提到过的"奇术机巧"。

当时徐光启还在担任翰林院检讨一职，得到任命后，他也很想借这个机会，把原来的旧历法加以更正，也借机检验一下自己学到的数学知识。

然而，徐光启刚来到钦天监，就遭到一伙人的奚落和嘲讽。主持钦天监的戈丰年一开始十分骄横，看到徐光启登上高高的观象台，就阴阳怪气地说："咱大明朝原来学天文有厉禁，习历者遣戍，造历者殊死，现在却什么阿猫阿狗都来参与历法了。"

徐光启却只是淡然一笑，并不理他。

经过观察，徐光启发现钦天监这伙官员，只知道根据元朝时郭守敬制定的历法来机械地推算，对于天文观测十分马虎和粗疏，表面做个样子罢了。好多官员是世代袭职，他们忙于帮达官贵人们堪舆占卜，捞些外快，根本全无学问。少数负责司历的官员，也只是一味地因循守旧，食古不化，竟然还把《周髀算经》中一些落后的方法奉为圭臬。

于是，徐光启大胆请来了西洋传教士熊三拔和庞迪我，以及同样精通西洋学问的李之藻，一起将西方科学中的《平浑图说》《日晷图说》《夜晷图说》和《简平仪说》等翻译出来，弄清其中的原理。

然而，修历是国家大事，一些守旧派，如魏文魁等人，跳出来危言耸听地说轻易改历会触怒上天，动摇国本，倾覆社稷，以至于礼部的主管不敢做主，请万历皇帝下决定。结果昏庸懒政的万历皇帝没有理会，于是修历的建议不了了之。徐光启也转而忙于天津屯田、通州练兵等事。

然而，其他的事可以欺瞒，天象中的日食、月食之类的现象，却是人所共见，准或不准，一眼便知。

崇祯二年（1629）五月初一，日食又将发生。钦天监奏告后，被内忧外患弄得疑神疑鬼的崇祯皇帝十分重视，决定在天坛大祀殿南的圜丘上祭天。皇帝出行，当然是兴师动众，锦衣卫开道，高擎黄龙伞，青龙、白虎、朱雀、玄武四面旗子，一众侍卫衣甲鲜明，手持金瓜斧钺等各种礼器，一路上黄土垫道，净水泼街，吹吹打打，来到了天坛。

崇祯皇帝踏过九阶三层的汉白玉石阶，登上了蓝色琉璃台，恭恭敬敬地立在正当中的天心石上。然而，崇祯皇帝左等右等，太阳依旧好端端地悬在天空，没有半分日食的迹象。五月的阳光，已是十分炽烈，崇祯皇帝被晒得头昏眼黑，额头上汗水涔涔。

又过了半个时辰，依然没有日食。崇祯皇帝大怒，唤来钦天监的主管戈丰年训斥道："钦天监推算日食如此不准，朕要你何用？"

戈丰年吓得跪倒在地，磕头如捣蒜，连声求饶。

见戈丰年也已白发苍苍，这时磕得头破见血，崇祯皇帝怒气渐平，说道："姑念你年老，饶过一次，以后定要细细推算，再有错误，哼！"

戈丰年慌忙说："臣不敢，再有失误，不劳陛下宣旨，臣自己就脑袋摘下来以谢天下。"

崇祯皇帝又哼了一声说道："知道就好。"

戈丰年又说："这历法是元朝郭守敬所定，已有二百六十多年，宫室不修尚且要坏，这历法一样要修，臣奏请让徐光启督修新法，定无失误。"

崇祯皇帝一拂袖："朕只要历法推算无误，这等事你自己安排好了。"

第二天，惊魂初定的戈丰年，跑到徐光启处，一揖到底，恳求道："子先（徐光启的字），戈某的身家性命，可都在阁下身上了，以前多有得罪之处，你大人不计小人过，多包涵些。你也听说了，今天皇帝震怒，要是再算不准，我就算有几颗头，也不够皇帝砍的。你平素精通西洋历法，如今可要帮我度过这一关啊！"

说罢，戈丰年双膝一软，就要向徐光启跪下。徐光启慌忙将他扶起，诚恳地说道："只要戈大人不再抱有成见，徐某定当竭尽所知，修订好新历法。"

说罢，徐光启请戈丰年落座，并让人奉上香茶。徐光启说道："如今用的旧式历法，计算的时候，人为地只取整数来运算，实在不可。'天有恒数而无齐数'，切不要整齐分秒，不然会造成差误，一次两次不显，时间长了，就会造成比较大的差误；再就是，旧时总以为天圆地方，将大地看作是一个平面，殊不知大地本为一个球体，所以计算时要按球面三角形来计算；还有，旧历将冬至点和日行最速点混而为一，古时或许相近，但据现在观测，这两点绝非相同，因此原来依两点相同运算，必然会造成失误……"

听徐光启侃侃而谈，要在以往，戈丰年恐怕会心生反感，但如今形势所迫，他听得倒是十分入神。徐光启又说："现在钦天监的观象台，所用仪器都是古老陈旧之物，精度极差。徐某建议置办以下十种仪器。"说罢，徐光启拿出早就写好的一个物品清单，上面写道：

其一，造七政象限大仪六座，俱方八尺，

木匣铜边木架；

其二，造列宿纪限大仪三座，俱方八尺，木匣铜边木架；

其三，造平浑悬仪三架，用铜，圆径八寸，厚四分；

其四，造交食仪一具，用铜木料，方二尺以上；

其五，造列宿经纬天球仪一架，用木料油漆，大小不拘；

其六，造万国经纬地球仪一架，用木料油漆，大小不拘；

其七，造节气时刻平面日晷三具，用石，长五尺以上，广三尺以上；

其八，造节气时刻转盘星晷三具，用铜，径一尺，厚二分；

其九，造候时钟三架，用铁，大小不拘；

其十，装修测候七政交食远镜三架，用铜铁木料。

徐光启还特别注明，只用"铜铁木料"。这相比于过去造天象仪器喜用鎏金烫银的奢靡做法，节省下不少钱财。

戈丰年看了，赞叹不已，说道："徐先生果然高明，这些仪器，戈某有些连听都没听说过，有了这些仪器，下一次的日食必然推算准确。"

徐光启说道："还有两件事，咱们钦天监也要改正，一是原来计时是使用漏壶，但漏壶并不可靠，水流速度和水质及漏管的通畅度都有关系，故定时的装置一产生错误，接下来的计算和推演都会有误，以后要用西洋钟表来计时。再就是此前一直把指南针所指的方向当作正南，殊不知指南针所指并非正南，而是有一些偏差，还是当以正午的日影来定方向，这才是真正的正南正北的子午线方向啊！"

戈丰年一一采纳。

使用新的方法之后，效果极其明显，这年冬天十月辛丑日日食发生前，徐光启就精确地推算了日食发生的时间，并指出日偏食的程度将随各地的位置不同而有区别：顺天府见食二分有奇，河南陕西山东都是见食一分，南京以南看不到日食。按照惯例，此次京师见食不及三分，也就是说只是轻微的日偏食，这样皇帝就不必举行仪式了。

这个预言是十分精确的，也让不少心存怀疑的人对徐光启的新历法刮目相看。

借此机会，徐光启又写了一封奏折，建议皇帝不但要注重历法，还要注重数学等科技的研究，将历局扩大为一个兼及天象、水利、军事、建筑、机械、测量的综合机构。只可惜当时皇帝并没有重视起来，如果真正按徐光启的构想设立成功的话，那有可能是中国最早的"科学院"和"工程院"，中国由古代迈向近代化的脚步无疑将加速。

崇祯三年十一月二十八日（1630年12月31日），这一天，风寒霜重，夜色深沉，徐光启不顾年事已高，坚持要去观象台再监测一下数据。因为冬至那天观象台的值班人员汇报过来的数据，和推算的结果有相当大的出入。是观测人员的失误，还是仪器本身出现了问题呢？徐光启心里十分焦急。偏偏这许多天又一直天色阴沉，无法进行有效的天象观测，一直等到现在才终于云开雾散，于是徐光启急不可待地要登台检测。

他急匆匆地登上观象台的石阶，哪知脚下一滑，就跌倒了，身子顺着台阶滚落下来。

当时一个叫李天经的历局人员劝道："徐大人，您看今天气候严寒，余雪未消，您就别亲自上台观测了吧！"

徐光启却摇头道："这事我纳闷了很久，不亲眼看一下，实在是不安心啊！"

说罢，他就急匆匆地登上观象台的石阶，哪知脚下一滑就跌倒了，身子顺着台阶滚落下来。李天经急忙上前扶住，但徐光启已经痛到难以站立，应该是骨头受伤了。

李天经慌忙安排人来，用担架将徐光启抬回府中休养。

第二天，李天经来到徐光启处，只见他两足肿痛，难以下地，徐光启苦笑着说："天经啊，我少年时候，也是这样的大雪天，我就在我们家乡的那座城头上飞跑啊，一点也没有事，哪知现在几个台阶，就把我滑倒了！"

李天经说："徐大人，您现在已是七十岁的人了，如何还能和少年时候比。属下今年才满四十岁，都觉得远不如二十岁时体力好呢！"

徐光启又关心地问道："那星象仪的误差，到底是如何形成的？"

李天经答道："这个属下已经查明，是前些日子杂役铲除积雪之时，不小心将仪器的位置弄偏了一点，所以才有了误差，现在已归正原位。"

徐光启点头道："以后要多加注意，凡遇大雾、大雨、大雪等天气后，一定要再度校正仪器。天经啊，我老了，越来越不中用了，以后的事，就要依赖你这样的年轻人喽。"

李天经忙道："实不敢当，晚辈还要多多向先生讨教，对了，最近有个叫冷守忠的四川生员，听说钦天监准备改历法，十分生气，说用西历修订《大统历》是违反祖宗之法。这人自称精研了邵雍的《皇极经世》等所谓天书，研究出一套方法，并由四川御史马如蛟推荐给朝廷。"

说罢，李天经掏出一个薄薄的书册，递给徐光启。

徐光启翻开一看，只见上面先引了邵雍书中的一大段话："天数五，地数五，合而为十，数之全也。天以一而变四，地以一而变四，四者有体也，而其一者无体也，是谓有无之极也……"

徐光启笑道："这通篇都是玄术，天文历法岂能由此推算？当然，我等也不能武断，就此将人家全盘否定。天文历法有个好处，就是天象的预测造不了假，我就和这位冷生打个赌，明年四月十五日，将有月食出现，如果冷生预测的比我们精确，我徐光启就亲自登门，用轿子把他抬到钦天监，奉他为师。"

事实证明，冷守忠预测的结果完全错误，比原来的旧历法差得更远，计算冬至日的时刻，竟然差了一天。还有一次月食，根据冷守忠的推算是在白昼，而徐光启推算的时间，从初亏、食既、食甚、生光、复圆等等，无不密合。在铁的事实面前，冷守忠只好灰溜溜地收起他那套装神弄鬼、玄而又玄的理论。

崇祯六年（1633）十月，徐光启再度病倒在床，他已经是七十二岁高龄了。从这年春天时，他的脾胃就不太好，有时数天不能进食，喝点水也要反胃呕吐，他在京城不蓄妾婢，身边只有一个老仆人代为照料。

这天，他又把李天经唤到了床前，将厚厚的一大沓资料交给他，说道："天经啊，这次的病和以往不同，我恐怕是扛不过去了，俗话说'七十三，八十四，阎王不叫自己去'，徐某也活到岁数了。但现在放不下的事有好几件，其中最重要的就是朝廷让我修订历法，但还没有全部完工，这后面的工作就要靠你了。为了让后人能不断修订这部历法，我特意在这部书中加入了算法，让后人知其然亦知所以然。天经，你看看。"

李天经接过一看，只见上面用蝇头小楷写满了字，另外还配有绘制工整、注释严谨的构图，讲的是球面三角、平面三角、西洋筹算、比例规等算法，大致可分为二十卷，全是徐光启的心血所系。有些地方墨迹初干，显然是徐光启近日抱病赶写出来的。

李天经含泪答应，十分珍重地收了起来。

后来，李天经于崇祯七年（1634）十一月根据徐光启的稿件加以整理，完成了《崇祯历书》，并进献给朝廷。崇祯皇帝犹豫不决，加上国内国外的严峻形势，搞得他焦头烂额，一时间无暇顾及，这部新历法遂搁置下来。当时，朝中还有不少的守旧派人士反对这部新历，要沿用原来的《回回历》及《大统历》。然而，在八次实际观测的较量下，旧历都败下阵来。1629年、1637年和1643年的日食，1631年和1636年的月食，以及1634年木星运动、1635年水星和木星运动，1635年木星、水星和月亮位置的比较，旧历法都差误极多，而徐光启的新法却是精准无比。事实胜于雄辩，崇尚旧法的人也无法否认这个事实，但他们依旧对新法加以阻挠拖延。

后来崇祯皇帝得知新法的精确性远胜旧历时，才下令推行，但这时候明王朝只留下最后一年，颁行《崇祯历书》的命令并没有真正贯彻下去，大明朝就已灭亡了。

清朝建立后，汤若望进献了一本《西洋新法历书》，被清政府采用，改名《时宪历》后，正式颁行，其实就是源于《崇祯历书》，只不过作了一些小小的删改以及精简罢了。

崇祯六年（1633）十月初七日，北京城里刮起了狂风，满天飞舞着凋零的枯叶，一直卧病在床的徐光启突然似乎有了点精神，对来京城赴考而居住在此的两个年轻人——孙子徐尔爵和外孙许缵曾说道："扶我坐起身来，我给家里写封信，让骥儿来京，料理我的后事吧！"

徐尔爵听了哭道："爷爷，您不要这样说，您会长命百岁，不，二百岁！"

徐光启抚着他的头说："孩子，就算是三皇五帝，孔圣周公，也莫不有死。你爷爷我活了七十余岁，俗话说'人生七十古来稀'，这辈子也算值了。尔爵，你说说，我现在回顾一生，最得意的事，有哪几件呢？"

徐尔爵说道："爷爷您官至礼部尚书兼文渊阁大学士，这可以称之为宰相之尊，应该是您最得意之事吧？"

只见徐光启微笑着摇了摇头，许缵曾说道："那前不久皇帝亲自遣中使（太监）慰问，并赐猪羊酒米酱瓜茹等物，应该是姥爷您平生的得意事吧？"

徐光启又摇了摇头，他拿出两本书册说道：

"我平生得意的事情，一是写成了这部《几何原本》，再就是这本还没有完全结集的《农政全书》。尔爵啊，上海到这里路途遥远，等你父亲收到信后，再来到这里，恐怕爷爷已不在人世了，这句话你要带给他，一定要把我的《农政全书》整理出来，刊行于世。"

说罢，徐光启就倒在了枕上，呼吸急促，似乎没有力气再睁开眼睛了。

"爷爷……"徐尔爵跪倒在地，泣不成声。许缵曾说道："姥爷，别这样说，我去厨房把太医院开来的药给您煎好服下，您会没事的。"说罢，飞奔出门。

然而，当他捧着砂锅中的汤药走进门时，却发现徐尔爵双眼红肿着对他说："爷爷走了！"

许缵曾手中的砂锅一下子跌落在地，两人放声大哭。

中国科学史上一颗璀璨的明星陨落了，徐光启于1633年11月8日与世长辞，享年七十二岁。

徐光启去世后，不少亲朋及僚友前来吊唁，还有的来帮忙料理丧事。大伙这才发现，堂堂的宰相之宅，竟然连让马转个圈的空地都没有，除了两个孙辈和老仆服侍外，根本没有什么姬妾和丫鬟。简陋的卧室中，只有一只陈旧的柳木箱，装有几件旧衣服和区区一两白银。和别的高官们满堂是珠玉，满箱是金银迥然不同的是，这里堆积如山的是书籍和书稿。

朝廷官员们反映上去，都说徐光启清廉有加。崇祯皇帝闻听后也为之感动，下旨罢朝一日，又追赠徐光启少保之职，谥号为文定。

崇祯七年（1634）初，徐光启的儿子徐骥扶柩归乡，暂厝（cuò）于上海县城南门外双园别墅。1641年，正式葬于上海县城西门外十余里的土山湾西北，即现在徐家汇的徐光启墓地。

如今，位于上海市徐汇区南丹路的光启公园内，墓地石坊上刻着一副对联，应该说是对徐光启的一生作了非常恰切的评价：

治历明农百世师，经天纬地；

出将入相一个臣，奋武揆文。

徐光启
生平简表

● ◎ 明嘉靖四十一年（1562）

4月24日徐光启出生于太卿坊（今上海市黄浦区乔家路）。
少年时代在龙华寺读书。

● ◎ 明万历九年（1581）

应金山卫试中秀才，后在家乡教书，娶本县处士吴小溪女
为妻。

● ◎ 明万历十二年（1584）

祖母卒。遇水灾，家中贫困。

●◎明万历十六年（1588）

————————————————————————————————

与同乡董其昌、张鼐、陈继儒一起到太平府（今安徽当涂）
应乡试，落第。

●◎明万历二十一年（1593）

————————————————————————————————

赴广西浔州任教。经韶州时，结识耶稣会会士郭居静。

●◎明万历二十五年（1597）

————————————————————————————————

因考官焦竑赏识，而以顺天府解元中举。

●◎明万历二十六年（1598）

————————————————————————————————

会试未中，回家教书。

●◎明万历二十八年（1600）

————————————————————————————————

赴南京拜见恩师焦竑，经介绍与耶稣会士利玛窦晤面。

●◎明万历三十二年（1604）

参加会试，中进士，留在翰林院任庶吉士。

●◎明万历三十四年（1606）

在北京，与利玛窦合作翻译《几何原本》前六卷。

●◎明万历三十五年（1607）

被授予翰林院检讨。父在北京去世，回乡丁忧守制。

●◎明万历三十六年（1608）

守制期间，整理《测量法义》，潜心农学，进行农作物引种及耕作试验，作《甘薯疏》《芜菁疏》《吉贝疏》、《种棉花法》和《代园种竹图说》。

●◎明万历三十八年（1610）

徐光启回京，官复原职。这一年的五月，利玛窦去世。

●◎明万历四十一年（1613）

因所议违忤朝中大臣，徐光启告病去职。在天津开渠种稻，进行农业实验。作《粪壅规则》。

●◎明万历四十六年（1618）

后金努尔哈赤发兵进犯关内，徐光启因精通西洋火炮技术，星夜应召入京。

●◎明万历四十七年（1619）

萨尔浒之战明军惨败，万历皇帝命徐光启负责练兵。后擢升为少詹事兼河南道御史，在通州督造西洋炮械，督练新军。但由于军饷、器械供应困难，练兵计划并不顺利。

●◎明天启元年（1621）

上疏回天津养病。六月辽阳失陷，徐光启再次奉诏返京，力请使用红夷大炮帮助守城。

●◎明崇祯二年（1629）

擢升礼部左侍郎。七月，因钦天监推算日食失准，崇祯皇帝命新设历局，让徐光启修正历法。

●◎明崇祯五年（1632）

以礼部尚书兼东阁大学士，入参机要。

●◎明崇祯六年（1633）

加太子太保、兼文渊阁大学士。本年11月8日，因病逝于北京，谥文定公。